어린이 과학형사대 CSI 7

초판 1쇄 발행 | 2009년 6월 18일
개정판 1쇄 발행 | 2024년 9월 2일

지은이 | 고희정
그린이 | 서용남
감 수 | 곽영직

펴 낸 곳 | (주)가나문화콘텐츠
펴 낸 이 | 김남전
편 집 장 | 유다형
편   집 | 김아영
디 자 인 | 양란희
마 케 팅 | 정상원 한웅 정용민 김건우
경영관리 | 임종열

출판 등록 | 2002년 2월 15일 제10-2308호
주   소 | 경기도 고양시 덕양구 호원길 3-2
전   화 | 02-717-5494(편집부) 02-332-7755(관리부)
팩   스 | 02-324-9944
홈페이지 | ganapub.com
이 메 일 | ganapub@naver.com

ⓒ 고희정, 2009

ISBN 978-89-5736-479-6 (74400)
      978-89-5736-440-6 (세트)

* 책값은 뒤표지에 표시되어 있습니다.
* 이 책의 내용을 재사용하려면 반드시 저작권자와 (주)가나문화콘텐츠 양측의 동의를 얻어야 합니다.
* 잘못된 책은 구입하신 서점에서 바꾸어 드립니다.
* '가나출판사'는 (주)가나문화콘텐츠의 출판 브랜드입니다.

- 제조자명 : (주)가나문화콘텐츠
- 주소 및 전화번호 : 경기도 고양시 덕양구 호원길 3-2 / 02-717-5494
- 제조연월 : 2024년 9월 2일
- 제조국명 : 대한민국
- 사용연령 : 4세 이상 어린이 제품

어린이 과학형사대 CSI 7

CSI, 멋진 선배가 되다

글 고희정 · 그림 서용남
감수 곽영직

주인공 소개

박춘삼 교장 (67세)

- 어린이 형사 학교 교장. 똑똑한 어린이들을 모아 CSI를 만든다. 게으르고 잠꾸러기여서 교장실에서 주로 하는 일은 코 골며 잠자기.

어수선 형사 (35세)

- 박춘삼 교장의 조수 겸 형사. 항상 말 많고 어수선하고 덤벙대서 문제를 잘 일으킨다. 그러나 역시 사건이 터지면 박춘삼 교장과 환상의 콤비로 행동한다.

반달곰 (13세)

- 동식물에 대한 지식이 깊다. 행동이 아주 느리지만 순수하고 착한 시골 아이. 곰과 비슷한 정도로 덩치가 크고, 힘도 아주 세서 힘쓸 일은 도맡아 한다.

나혜성 (14세)

- 백과사전과 같은 잡학의 달인으로, 특히 우주와 지구에 대해 잘 알고 있다. 얼짱 꽃미남이지만 엄청난 잘난 척과 대단한 이기심을 가진 왕재수.

한영재 (13세)

- 물리적 현상에 대한 지식과 기계 다루는 솜씨가 뛰어나다. 이미 고등학교 물리, 수학 문제를 다 풀 정도의 뛰어난 영재. 끈질긴 성격과 대단한 집중력이 있다.

이요리 (14세)

- 화학적 현상에 대한 지식이 해박하다. 게다가 무엇이든 실험해 봐야 직성이 풀리는 불굴의 실험 정신을 지니고 있다. 요리를 좋아하고 재능도 많다.

차 례

CSI, 선배 되기는 어려워! • 6

사건 1 : 사라진 고려청자 • 12
　　핵심 과학 원리 – 압력
　　영재가 들려주는 사건 해결의 열쇠 • 38

사건 2 : 목격자가 남긴 메시지 • 42
　　핵심 과학 원리 – 계면 활성제
　　요리가 들려주는 사건 해결의 열쇠 • 70

사건 3 : 피해자와 가해자 • 74
　　핵심 과학 원리 – 변성암
　　혜성이가 들려주는 사건 해결의 열쇠 • 100

사건 4 : 사망 원인은 질식 • 104
　　핵심 과학 원리 – 식물의 쓰임
　　달곰이가 들려주는 사건 해결의 열쇠 • 130

사건 5 : 도심 대폭발을 막아라! • 134
　　핵심 과학 원리 – 색순응
　　영재가 들려주는 사건 해결의 열쇠 • 160

CSI, 멋진 선배가 되다! • 164

특별 활동 : CSI, 함께 놀며 훈련하다! • 170

찾아보기 • 180

■ 핵심 과학 원리 – 압력

사건 1

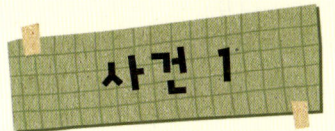

사라진 고려청자

“그래, 바로 그거야. 범인은 서랍만 열면 찾을 수 있는 보석함은 그대로 두고,
화장대 위에 있는 금반지와 목걸이만 가져갔어.
그리고 장식장 안에 있던 여러 도자기 중에서 그 고려청자만 훔쳐 갔지.”

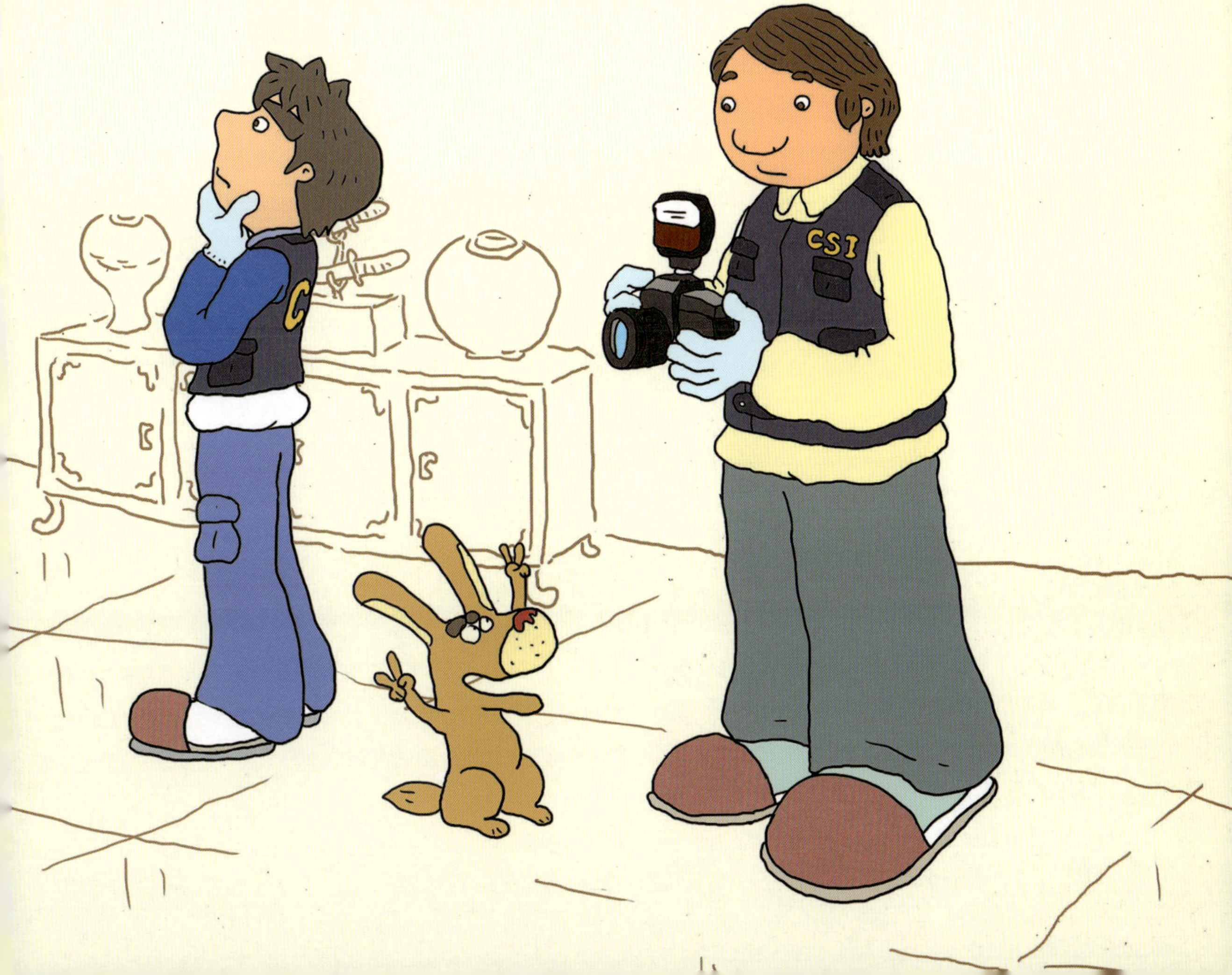

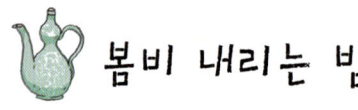 봄비 내리는 밤

아침부터 후배와 한바탕하고 결국 애들 싸움이 어른 싸움으로까지 번져 어 형사와 정 형사까지 서먹해지니, 아이들은 하루 종일 기분이 좋지 않았다. 게다가 오후부터 부슬부슬 내리기 시작한 봄비는 이런 마음을 더 무겁게 해 저녁 내내 침울한 분위기. 그래서인지 요리는 밤새 이리 뒤척 저리 뒤척 잠을 못 이루다가 새벽녘이 되어서야 겨우 잠이 들었다.

그러나 다음 날 아침, 촉촉한 봄비를 마셔서 그런지 창밖의 목련도 하얀 꽃을 탐스럽게 피우고, 깨끗이 물청소라도 한 듯 맑게 갠 하늘에 요리는 기분이 좋아졌다. 오늘은 뭔가 좋은 일이 생길 것만 같았다.

하지만 세상 일이 어디 그렇게 마음먹은 대로만 되던가. 아침 식사 시간. 막 밥을 먹으려고 하는데, 오늘도 어김없이 들리는 목소리.

"혜성 선배!"

요리는 저도 모르게 살짝 인상이 구겨졌다. 어제 그 일을 당하고도 아직도 분위기 파악을 못한 건지, 아님 뻔뻔해서 그런 건지……. 혜성이도 약간 당황한 표정이었다. 그러나 강별은 이 모든 상황을 전혀 개의치 않고 다짜고짜 혜성이 앞에 앉았다.

"선배, 저 좀 도와주세요."

하지만 이번에는 혜성이도 단호하게 잘라 말한다.

"미안, 오늘은 좀 바빠서."

"아니요. 공부가 아니라, 사건이 났어요. 도난 사건."

"도난 사건?"

분위기가 좀 그랬는지 마음 약한 달곰이가 물어봐 주었다.

"네. 아침 일찍 엄마가 전화를 하셨는데, 어젯밤 저희 옆집에서 가보로 내려오던 고려청자가 없어졌대요."

"그럼 경찰에 신고부터 해야지."

혜성이가 퉁명스럽게 대답하자 강별이 조금 서운한 표정으로 말했다.

"물론 신고는 했죠. 그런데 그게 보통 물건이 아닌가 봐요. 얼마 전에 '진짜 명품'이라는 TV 프로그램에도 나왔는데요. 거기서 이제껏 발견된 고려청자 중에서도 아주 특별한 거라고, 감정가만 해도 3000만 원은 족히 넘을 거라고 했대요."

"3000만 원?"

달곰이가 입을 떡 벌리며 다시 물었다.

"네. 하지만 무엇보다 중요한 건 돈으로는 절대 바꿀 수 없는 집안 대대로 내려오는 가보라는 것, 그리고 잘못하다가는 외국으로 밀반출될 수도 있다는 거죠."

"뭐? 밀반출?"

듣고 보니 그럴싸하다. 아이들은 모두 귀가 솔깃했다. 여하튼 강별의 말솜씨는 당해 낼 자가 없다.

"그럼 안 되지. 우리가 찾아보자."

 벌써 걸려든(?) 순진한 달곰이. 달곰이의 말에 혜성이는 슬쩍 요리와 영재의 눈치를 보았다. 이제껏 모른 척하고 밥만 먹던 요리와 영재는 가시방석에 앉은 느낌. 순간, 요리는 지난 일로 뚱해 있는 자신의 모습이 우습기도 하고 선배로서 너무 속 좁은 게 아닌가 하는 생각이 들었다.
 '그래! 그래도 선배인데…….'
 "그럼, 당연히 도와야지. 오늘 수업 끝나고 가 보자. 영재야, 너도 도와줄 거지?"
 갑작스런 요리의 반응에 영재는 당황했다. 솔직히 어제 영재가 강별에게 유난히 화를 낸 것은 요리 때문이었다. 요리가 어린 후배에게 가만히 당하고만 있으니 괜히 속이 상했던 것이다. 그런데 강별을 도와주겠다니! 하지만 영재 또한 요리의 부탁을 거절할 수가 없다.

"알았어."

결국 영재는 퉁명스럽게 대답하며 일어났다. 강별이 눈치 없게 좋아하며 인사를 했다.

"고맙습니다, 헤헤헤."

으유~, 그래! 선배니까 참자. 영재는 부글거리는 마음을 달랬다.

 사라진 고려청자

아이들은 수업이 끝나고 어 형사의 허락을 받은 후, 강별과 함께 어젯밤 도난 사건이 발생한 집으로 갔다. 그 집은 큰길에서 조금 떨어진 동네에 있는데, 그 동네에는 도심에서는 쉽게 찾아볼 수 없는 널찍한 마당과 저마다 독특한 겉모습을 자랑하는 전원주택들이 들어서 있었다.

강별네 집의 바로 옆집인 그 집은 이사 온 지 한 달밖에 안 되었다고 했다. 집주인은 직원이 20명 정도 되는 벤처 기업 사장, 김한길. 집 안으로 들어가자 혜성이는 김한길의 부인에게 사건 경위에 대해 물었다.

"어제저녁 5시 30분쯤 남편이랑 뮤지컬 공연을 보러 나갔다가 11시쯤 들어왔어. 그런데 대문이 살짝 열려 있더라고. 이상해서 얼른 들어와 보니, 저기 장식장 안에 있던 고려청자가 없어진 거야."

"고려청자 말고 또 없어진 건 없나요?"

"안방 화장대 위에 둔 금반지랑 금 목걸이도 없어졌어. 다행히 화장대 서랍에 있던 보석함은 그대로야. 거기에 귀금속이 더 많았는데."

혜성이가 사건 경위를 조사하는 동안 요리는 장식장 문과 현관문, 안방 화장대 서랍 등에서 지문을 채취하고, 영재와 달곰이는 범인이 들어온 곳을 알아내기 위해 집 안팎을 샅샅이 살폈다.

강별은 일사불란하게 맡은 일을 해내는 선배들을 보고 깜짝 놀랐다. 대단한 CSI라고 듣기는 했지만, 실제 수사하는 모습을 보니 텔레비전에서 봤던 그 어떤 형사들보다 더 빠르고 능숙한 모습. 정말 멋져 보였다.

밖으로 나간 달곰이는 일단 현관문의 상태를 살폈다. 자물쇠가 부서지지도 않았고 도구를 써서 문을 연 흔적도 없는 것으로 보아, 범인은 비밀번호를 누르고 들어왔거나 현관이 아닌 다른 곳으로 들어왔을 확률이 높다. 그런데 건물을 따라 돌아 뒤뜰로 가 보니, 이게 뭔가! 기다란 사다리가 바닥에서 2층 발코니까지 걸쳐 있는 것이 아닌가.

'그렇다면 이 사다리를 이용해서 2층으로 올라갔다?'

달곰이가 그런 생각을 하며 2층 창문을 바라보는 순간, 열린 창문으로 영재가 고개를 내밀었다. 그리고 달곰이와 눈이 마주치자 소리쳤다.

"창문이 열려 있어. 사다리를 타고 이쪽으로 들어온 거야."

창문이 열려 있는 방은 2층 서재. 서재의 창문이 열려 있고 그 밑에 사다리가 대어져 있다는 말에 김한길의 부인은 고개를 갸우뚱했다.

"내가 어제 아침에 청소하고 안 잠갔나?"

사라진 고려청자

"사다리는 원래 어디에 있었는데요?"

달곰이가 물었다.

"정원 큰 나무 옆에 세워 놓았지."

그렇다면 확실하다. 사다리가 혼자 걸어서 뒤뜰까지 갔을 리는 없다. 범인은 정원에 있던 사다리를 이용해 열린 2층 창문으로 들어온 것이다. 그러나 뒤뜰과 사다리에는 뚜렷한 발자국이나 지문이 남아 있지 않았다. 범행 당일 살짝 내린 봄비에 지워진 것 같았다. 요리가 2층으로 올라가 창문에 묻은 지문을 채취했다. 마지막으로 혜성이가 물었다.

"혹시 청자 사진 있나요?"

혜성이의 물음에 김한길의 부인은 사진 두 장을 가져다주었다. 주전자 모양으로 빚은 고려청자. 사진으로도 전체적으로 흐르는 깊고 그윽한 선이나 정교하게 새겨진 학 무늬 등 그 값어치가 그대로 느껴졌다.

"빨리 좀 찾아 줘. 혹시 상하기라도 할까 봐 너무 걱정돼."

아이들의 생각도 마찬가지였다. 행여 값어치를 제대로 모르는 사람이 훔쳐 갔다면 어디로 흘러갈지 모르는 일 아닌가!

집을 나서며 영재가 말했다.

"도자기를 가져가려면 차가 필요했을 거야. 주변 도로에 CCTV가 있나 한번 찾아보자."

동네를 둘러보니, 동네 입구에 CCTV가 하나 설치되어 있었다. 아이들은 경찰서를 찾아가 어제 저녁 집이 비었던 시간에 녹화된 데이터를 받았다.

"나랑 영재는 골동품점을 뒤져서 들어온 청자가 있는지 알아볼게."

경찰서를 나서며 혜성이가 말하자, 강별이 얼른 끼어들며 말했다.

"선배, 저도 같이 가면 안 돼요?"

그러자 혜성이가 낮지만 단호한 목소리로 말했다.

> ### 고려청자가 푸른색을 띠는 이유는?
>
> 고려청자를 만들 때 쓰는 유약(도자기 겉에 덧씌우는 약)에는 산소와 철의 화합물이 들어 있어. 도자기를 굽는 가마의 온도를 1,000℃ 정도로 하고 가마에 산소가 들어가지 않게 하면 가마 안에서 일산화탄소가 생겨. 일산화탄소는 불안정하기 때문에 산소를 얻어 안정된 이산화탄소가 되려고 해. 그래서 유약에 결합되어 있는 산소까지 빼앗아 가지. 이때 유약의 색이 변해서 고려청자 특유의 푸른빛이 나는 거야.

"안 돼. 넌 아직 수사에 참여할 자격이 없잖아."

물론 그렇긴 하지만 그래도 좀 끼워 주지. 강별은 속상했다. 하지만 이제 어린이 형사 학교에 입학한 지 한 달도 채 되지 않았으니 더 이상 조를 수도 없는 일. 강별은 아쉽지만 단념하고 학교로 돌아갔다.

"그럼 나랑 달곰이는 CCTV 데이터부터 분석해 볼게."

요리가 말했다. 각자의 역할을 나눈 후 아이들은 본격적인 수사에 들어갔다. 혜성이와 영재는 청자 사진을 가지고 골동품점이 모인 인사동으로 갔다. 그리고 한 집 한 집 들어가 일일이 사진을 보이며 물었다. 그러나 아쉽게도 도자기는 없었다. 그래서 도난당한 물건임을 밝히고 들어오는 대로 신고해 달라는 말을 남길 수밖에 없었는데, 돌아다녀 보니 도자기를 좀 본다는 골동품점 주인들은 하나같이 입을 모아 말했다.

"이거 어디서 났어? 진품이네."

"이 정도면 못 받아도 3, 4000만 원은 받겠는걸."

정말 대단한 도자기임에 분명했다.

한편, 요리와 달콤이는 학교로 돌아와 CCTV 데이터를 분석했다. 일단 어제 집이 비었던 저녁 5시 30분부터 11시 사이에 그 앞을 지나간 차는 모두 35대. 다행히 주택가인 데다 집이라고 해 봐야 전부 20채도 안 되는 전원주택 단지라 그런지 드나드는 차의 수는 많지 않았다. 또, 걸어서 지나가는 사람들도 특별히 수상해 보이지 않았다.

"여기 찍힌 차 중에서 그 동네 차를 제외한 나머지부터 살펴보자."

그래서 시청에 의뢰해 그 동네 차로 등록된 차의 목록을 받아 CCTV에 찍힌 차와 일일이 대조하여 제외하니, 외부에서 온 차는 모두 6대.

먼저 이 6대의 차를 조사해 보기로 했다.

그러다 보니 어느새 한밤중이 되었다. 마침 인사동에 갔던 혜성이와 영재가 돌아왔다. 앞으로 어떻게 수사를 할지 막 의논을 하려는데, 갑자기 수선스러운 목소리가 들렸다.

"선배들! 오늘 그렇게 멋졌다면서요? 역시 CSI가 짱이라니까. 나도 따라 나갈걸. 다음엔 저도 좀 끼워 주시면 안 돼요? 네? 선배님~."

쉴 새 없이 수선을 떨어 주시는 양철민. 역시 앞으로 어 형사가 펼친 수선의 세계를 확실하게 짊어지고 나갈 '리틀 어 형사'다. 그나저나 얘는 잠도 없나? 좀 자라.

 누가 가져갔을까?

다음 날 아침, 수업이 시작되기 전에 요리가 아이들을 불러 모았다.

"한 가지 이상한 점이 있어."

요리의 말에 모두 귀가 솔깃.

"생각해 봐. 도자기는 웬만하면 집에 하나쯤 있지 않나? 하지만 대부분 그렇게 값나가는 것은 아니지. 그러니까 너희가 도둑이라고 생각해 봐. 작고 가볍고 비싼 귀금속을 가져가겠어, 아니면 얼마짜리인지도 모르고 부피도 크고 깨질 염려까지 있는 도자기를 가져가겠어?"

"귀금속."

셋이 동시에 대답하자 요리는 얼른 자신의 생각을 말했다.

"그래, 바로 그거야. 범인은 서랍만 열면 찾을 수 있는 보석함은 그대로 두고 화장대 위에 있는 금반지와 목걸이만 가져갔어. 그리고 장식장 안에 있던 여러 도자기 중에서 그 고려청자만 훔쳐 갔지. 결국 범인의 목표는 그 고려청자였던 거야."

"목표가 고려청자였다고? 그게 무슨 말이야?"

달곰이의 질문에 요리가 대답했다.

"고려청자의 가치에 대해 확실히 아는 사람일 가능성이 크다는 거지."

순간, 혜성이는 강별의 말이 번뜩 떠올랐다.

"맞다! 그럼 혹시 TV 보고 찾아온 게 아닐까? 3개월 전에 '진짜 명품' 프로그램에 나갔다고 했잖아."

"하지만 이사 온 지 한 달밖에 안 됐다고 했는데, 어떻게 그 집의 위치를 알았지?"

달곰이가 의문을 제기하자 혜성이가 말했다.

"그럼 혹시 이삿짐센터 직원이 아닐까? TV에서 값비싼 도자기를 봤는데, 이삿짐을 옮기다 보니 있었다. 그럼 어디에 있는지도 알고 이삿짐 옮기면서 집 안 구조도 대충 알았을 거 아냐."

"그래, 바로 그거야!"

뭔가 풀리는 느낌! 아이들은 신이 났다. 그래서 1교시가 끝나자마자 얼른 김한길의 부인에게 전화를 걸었다. 그러나 대답은 실망스러웠다.

"그건 아닐 거야. 혹시 깨질지 몰라서 이사하기 전에 시댁으로 옮겼다가 이사 다 끝난 후에 가지고 왔거든."

이런! 그렇다면 아니라는 말이네. 아쉬운 마음에 요리가 다시 물었다.

"그럼 친척 말고 도자기에 대해 알고 있는 사람은 없나요? 최근에 자랑한 경우나……."

김한길의 부인은 잠시 생각하더니, 망설이듯 말했다.

"자랑한 경우? 글쎄……. 아, 있긴 한데……."

"그래요? 누군데요?"

"열흘 전에 남편 회사 직원들이 집들이를 왔어. 그때 남편이 자랑을 하긴 했는데……."

아이들은 김한길의 회사에 가서 김한길도 만나고 회사 사람들도 살펴봐야겠다는 생각이 들었다. 그래서 수업이 끝나자마자 그 회사로 갔는데, 미리 전화를 걸고 갔는데도 김한길은 자리에 없었다.

"곧 들어오실 거야. 외부 회의가 아직 안 끝나서……."

김한길이 미리 말해 두었는지, 비서는 곧바로 아이들을 사장실로 안내했다. 사장실 소파에 앉으며 요리는 돌아 나가는 비서를 무심코 쳐다보았다. 큰 키에 예쁜 얼굴, 꽤 고급스러워 보이는 옷까지……. 그런데 옥에 티랄까? 까맣고 굽 높은 하이힐 끝에 하얗게 묻은 흙. 뭐 그쯤이야. 요리는 그녀가 참 멋져 보였다. 그때 김한길이 헐레벌떡 들어왔다.

"아이고, 미안하다. 회의가 조금 늦게 끝나서……."

"괜찮습니다."

아이들이 예의 바르게 대답하자, 김한길이 물었다.

"그런데 물어볼 게 뭐지?"

"수사해 보니, 도자기를 훔쳐 간 사람은 그 도자기에 대해 잘 알고 있었을 가능성이 높다는 생각이 들어서요."

혜성이가 말을 시작하자, 요리가 받아서 물었다.

"그래서 말인데요. 열흘 전쯤 회사 직원들을 초대해 집들이를 하셨다던데, 그날 유난히 도자기에 관심을 가졌던 분은 안 계셨나요?"

"직원들? 그, 글쎄……. 도자기를 보여 주니까 다 놀라기는 했는데 특별히 관심을 보인 사람이라……?"

김한길은 아무래도 조심스러운 모양이었다. 하기야 같이 일하는 부하 직원들을 무조건 의심할 수는 없겠지.

"눈에 띄게 관심을 보인 사람은 없었어. 내가 생각나면 전화하지."

아이들은 허탕을 치고 말았다. 회사를 나오면서 일하는 사람들을 둘러보았지만 저마다 일에 열중하는 모습이었다. 그렇게 아무것도 못 건진 채 학교로 돌아온 아이들은 이제 어떻게 수사를 해야 할지 다시 막막해졌다. 게다가 지문 검식 결과가 나왔는데, 김한길 부부의 지문 외에 어느 것도 발견되지 않았다. 하기야 도둑의 기본 준비물이 장갑 아니던가! 초보 도둑이라 해도 지문을 남길 만큼 어리석지는 않겠지.

그런데 바로 그때였다. 김한길이 전화를 걸어 왔다.

"미안하다. 아까는 직원들도 있고 해서 차마 말을 못했는데, 솔직히 큰 관심을 보였던 사람이 둘 있었어."

"그래요? 누군데요?"

"한 명은 최구식 과장이라고, 도자기를 보자마자 대단한 거라면서 놀라더라고. 사학과를 나온 사람이라 척 보면 아는구나 싶었지. 그러고는 고려청자를 만드는 과정이나 현재까지 남아 있는 여러 고려청자에 대해서 아주 자세히 설명하는 것이 꽤 관심 있어 보였어."

"또 한 사람은요?"

"한영민 씨라고, 우리 도자기가 TV에 나갔을 때 봤나 봐. 이 도자기가 3000만 원이나 되는 보물이 아니냐면서 굉장히 부러워하더라고.

왜 자기 조상들은 이런 거 하나 안 남겨 줬나 하면서. 그리고 좀 걸리는 게 있는데, 얼마 전에 집주인이 전셋값을 올려 달라고 했다면서 대출 좀 해 줄 수 없냐고 했어."

"그래서 해 주셨나요?"

"아니. 직원 대출은 들어온 지 6개월 이상이 되어야 가능하거든. 그런데 한영민 씨는 5개월밖에 안 돼서 불가능하다고 했지."

그렇다면 아무래도 돈이 필요한 한영민이 더 유력한 용의자가 아닐까? 아이들이 일단 최구식과 한영민, 두 사람의 알리바이부터 알아봐야겠다는 생각이 들었다. 전화를 끊기 전, 김한길은 간곡하게 부탁했다.

"확실한 증거를 발견하기 전에는 절대 눈치 못 채게 비밀 수사를 해 줬으면 해. 사장과 직원 사이에 가장 중요한 것은 바로 서로에 대한 믿음이지. 혹시 아니라고 해도 자신들이 의심 받았다는 사실을 알게 되면 아주 기분 나빠 할 거야."

그렇다면 어떻게 한다? 두 사람 중 한 사람이 범인일 확률이 높은데, 그 증거를 어디서 찾아야 할까? 그것도 몰래. 그렇다면 방법은 한 가지, 미행. 아이들은 얼른 다시 회사로 향했다. 그리고는 둘씩 짝을 지어 막 퇴근하는 최구식과 한영민의 뒤를 밟았다.

혜성이와 영재는 최구식을 따라갔다. 그는 차를 몰고 10분쯤 달리더니, 한 아파트 단지로 들어갔다. 아빠를 마중 나왔는지 놀이터에서 놀던 아이들이 최구식의 품으로 뛰어들었다. 일곱 살쯤 되어 보이는 통통하고 귀여운 딸 쌍둥이. 두 아이를 번쩍 안고 올라가는 모습이 정말 행복해 보였다. 행복한 가장. 그는 범인이 아닐 것이라는 생각이 들었다.

한편, 요리와 달곰이는 한영민을 따라갔다. 그런데 한영민은 회사 앞 버스 정류소에 한참을 우두커니 앉아 있었다. 굉장한 고민이라도 있는 듯한 무거운 표정으로. 그러더니 갑자기 벌떡 일어나 택시를 잡아타는 게 아닌가! 요리와 달곰이도 재빨리 그 뒤를 따랐다.

한영민이 도착한 곳은 한 커피 전문점. 잠시 후 한 남자가 다가오더니 그의 앞에 앉았다. 그러고는 둘이 한참 심각한 대화를 나누었다. 문득문득 천, 이천 하는 말이 들리는 것이 돈 얘기임이 분명했다. 그렇다면 도자기 값을 흥정하는 것은 아닐까? 요리와 달곰이는 의심이 들었다.

그렇게 30분쯤 이야기를 한 한영민은 고맙다고 말하며 자리에서 일어났다. 이제 흥정이 끝났나? 그렇다면 더 확실하게 미행해야 한다. 언제 어떻게 도자기를 넘길지 모르니까.

 ## 새로운 증거를 찾다

다음 날, 한영민이 출근했다는 김한길의 전화를 받고, 아이들은 일단 방과 후부터 저녁때까지는 다른 증거를 찾아보기로 했다. 한영민이 퇴근하고 나서야 움직일 거라고 생각했기 때문이다. 그리고 만약 한영민이 범인이라고 해도 보다 확실한 증거가 필요할 테니까.

"아무래도 사건 현장에 다시 가 봐야겠어. 범행 당일에 비가 와서 지문이랑 발자국이 다 지워졌다고 생각했잖아. 그래서 조사를 소홀히 했을지도 몰라. 미처 발견하지 못한 게 남아 있지 않을까?"

달곰이의 말에 모두 고개를 끄덕였다. 사건 현장에 도착하자마자 영재와 요리는 사다리로 갔다. 그리고 사다리에 발자국이나 지문이 남아 있는지 다시 살폈다. 그러나 역시 사다리는 깨끗했다. 그날 내린 비에 씻겨 내려갔으리라. 그런데 조금 떨어진 곳에서 가만히 사다리를 보던 영재가 고개를 갸우뚱하며 요리에게 말했다.

"이상하다. 사다리가 땅으로 너무 살짝 들어가 있어."

"살짝 들어가 있다고? 그게 무슨 말이야?"

"두 물체가 위아래로 맞닿아 있으면 위에 있는 물체는 아래에 있는 물체에 압력을 가하게 돼. '압력'은 단위 면적당 물체가 바닥 면을 수직으로 누르는 힘을 말하는데, 누르는 물체가 무거울수록 커지지."

"그래, 그건 나도 알아. 소파에 가벼운 아기가 앉으면 밑의 쿠션이 거의 들어가지 않지만 무거운 엄마가 앉으면 쑥 들어가잖아."

"바로 그거야. 생각해 봐. 이 사다리만 해도 상당히 무거워. 그런데 범인이 이 사다리를 타고 2층까지 올라갔다면, 사다리에 범인의 몸무게까지 더해지니까 무게가 훨씬 더 늘어났을 테고, 그럼 사다리가 흙 속으로 지금보다 훨씬 더 깊이 박혀야 돼."

> **무게와 질량은 다르다?**
>
> 지구상의 모든 물체는 지구가 끌어당기는 힘인 중력을 받아. 중력이 없다면 모두 지구 밖으로 나가 버릴 거야. 중력이 물체를 끌어당기는 힘의 크기가 '무게'야. 그렇다면 질량은 뭘까? '질량'이란 물체를 이루는 물질의 양을 말해. 무게는 장소나 상태에 따라 달라지는 반면, 질량은 언제 어디서나 변하지 않지. 예를 들어 달의 중력은 지구의 1/6인데, 지구에서 몸무게가 60kg중인 사람이 달에서는 몸무게가 10kg중이 돼. 그런데 질량은 지구에서나 달에서나 항상 60kg이지.

"가만! 그날 밤은 비도 부슬부슬 왔잖아. 그럼 땅이 폭신폭신해져서 사다리가 훨씬 더 잘 들어갔겠다."

"그러니까 범인은 이 사다리로 올라간 게 아니란 말이지."

영재의 말에 요리는 고개를 끄덕였다. 그렇다면 범인은 어디로 들어갔단 말인가? 그때였다. 마당을 살피던 달곰이가 소리를 질렀다.

"이리 와 봐. 이상한 발자국이 있어."

둘이 달려가 보니, 달곰이는 마당에 한 줄로 쭉 놓인 징검돌 옆에 쭈그리고 앉아 있었다.

"이것 봐. 잔디라서 잘 안 보였는데, 여기저기 구멍이 나 있어."

자세히 보니, 징검돌 사이사이의 흙에 군데군데 똑같은 모양의 구멍이 나 있었다. 대문에서 현관까지 쭉.

"무슨 구멍이지?"

달곰이의 물음에 영재는 번쩍 생각나는 것이 있었다.

"하이힐!"

"뭐? 하이힐?"

"그래. 압력은 면적이 넓을수록 작아지고 좁을수록 커지거든. 그래서 같은 사람이라도 운동화를 신었을 때와 뾰족한 구두를 신었을 때를 비교하면 땅이 파이는 정도가 달라지지. 운동화를 신으면 땅에 닿는 면적이 넓어서 몸무게가 고루 퍼져 압력이 작아지기 때문에 땅이 덜 파이는 반면, 뾰족한 구두를 신으면 몸무게가 면적이 좁은 굽으로 몰려 압력이 커지기 때문에 땅이 더 깊이 파이는 거야."

그러더니 영재는 생각나는 것이 있는지 뒤뜰로 뛰어갔다. 다른 아이들도 따라가니, 영재는 사다리가 놓여 있던 곳을 가리키며 말했다.

"여기도 있어. 똑같은 구멍."

그렇다면 이 구멍은 범인의 것일 가능성이 아주 높다. 가만, 남자가 하이힐을 신었을 가능성은 그리 높지 않고, 그럼 범인은 여자? 한영민이 아니라? 영재가 기다란 꼬챙이를 구멍 속에 넣어 깊이를 재어 봤더니, 꽤 좁고 깊었다. 그럼 굽이 꽤 높다는 말인데!

"혹시 아주머니의 구두는 아닐까?"

아이들은 김한길의 부인에게 가서 하이힐이 있는지 물었다. 그러나 아이들의 말이 채 끝나기도 전에 그녀는 신발장을 열어 보이며 말했다.

"난 하이힐 안 신어. 봐, 다 단화잖아. 우리 남편이 키가 좀 작은 편이라 하이힐은 처녀 때 이후로 한 번도 신은 적이 없어."

그렇다면 누구지? 순간, 요리는 한 장면이 번쩍 떠올랐다.

"어제 사장님 비서의 구두가 하이힐이었는데, 흙이 묻어 있었어."

그런데 다시 생각해 보니, 좀 꺼림칙하긴 하다. 화려하게 치장한 옷이며 구두, 그리고 액세서리까지 척 보기에도 꽤 잘사는 집의 딸로 보이던데 그럼 도자기를 훔쳤을 리는 없지 않을까? 그런데 김한길의 부인이 갑자기 뭔가 생각난 듯 말했다.

"잠깐, 그러고 보니 좀 이상하다. 그날 우리 뮤지컬 공연 간 거. 남편 말로는 비서 왕세련 씨가 준 표라던데. 결혼기념일 축하한다면서."

들고 보니, 김한길은 결혼기념일에 저녁 식사 정도만 하려고 했는데, 갑자기 왕세련이 뮤지컬 표를 내밀며 결혼 축하 인사를 하더라는 것이다. 마음 써 준 것이 고맙기도 하고 딱히 계획한 일도 없어서 그날 밤 뮤지컬 공연에 갔다 왔다고 했다. 그렇다면 왕세련이 범행을 저지르기 위해 두 사람으로 하여금 집을 비우게 꾸민 것이 아닐까?

"그럼 어떻게 현관문을 열고 들어왔을까? 전문 털이범도 아닌데?"

그러자 김한길의 부인이 다시 대답했다.

"남편 말로는 며칠 전에 자동차 열쇠랑 같이 달아 놓았던 현관 자동 열쇠가 없어졌대. 보통 비밀번호를 누르고 들어오니까 열쇠를 잘 안 써서 없어졌는지도 몰랐는데, 문득 차 시동 걸다 없어진 걸 알았대."

정말 왕세련이 범인? 그렇다면 일단 왕세련에 대해 알아봐야 한다.

왕세련이 범인?

학교로 돌아온 아이들은 왕세련의 신원 조회를 했다. 왕세련. 26세. 지방이 고향이고, 부모님은 농사를 짓고 있으며, 경기도의 한 대학을 나와 작은 회사에서 2년간 근무. 한 달 전, 이 회사로 옮겼고 혼자 자취를 하고 있다. 부잣집 딸 같은 화려한 옷차림과는 동떨어진 가정 환경.

혹시나 하는 마음에 재산에 대해 조사해 보니, 예상대로 왕세련은 현재 여기저기 카드로 결재한 돈을 제때 내지 못해 신용 불량자가 될 위기에 처해 있었다. 그렇다면! 곧바로 왕세련이 경찰서로 잡혀 오고, 조사가 시작되었다. 하지만 왕세련은 자신의 혐의를 완강히 부인했다.

"내가 감히 어떻게 사장님 댁 물건을 훔치겠어. 게다가 내가 모시는 분이라 특별히 신경 쓰고 챙겨 드린 건데 도둑으로 몰다니, 너무해."

그러면서 왕세련은 눈물까지 뚝뚝 흘리는 것이 아닌가. 바로 그때였다. 어 형사가 아이들 대신 조사한 차량 조회 결과를 가지고 들어왔다.

"왕세련 씨, 사건 당일 안심 렌터카에서 차를 빌렸죠? 그 렌터카로 사장님 댁에 갔고요. 어떡하죠? 렌터카가 CCTV에 찍혔는데……."

그러면서 어 형사가 CCTV에 찍힌 차 사진과 렌터카 회사에 있던 차량 인도 계약서를 보였다. 당황하는 왕세련. 달곰이가 한마디를 보탰다.

"하이힐 굽에 묻어 있는 흙이랑 사장님 댁 정원에 있는 흙이랑 성분을 비교하면 금방 나와요. 같은 흙인지 아닌지!"

그러자 더 이상은 안 되겠다 싶었는지, 왕세련은 후회의 눈물을 뚝뚝 흘리며 모든 범행을 자백했다. 다행히 아직 도자기는 팔지 못한 상태. 왕세련의 집을 압수 수색해 무사히 도자기를 찾을 수 있었다.

왕세련은 자신의 형편을 생각하지 않고 명품만을 쫓는 허황된 낭비벽으로 인해 빚더미에 올라앉게 되었다. 결국 도둑질까지 하게 되었으니, 참 한심한 일이 아닌가! 나름 범행을 계획하여 자신이 의심을 받지 않도록 사다리까지 갖다 놓았지만 오히려 그 때문에 덜미가 잡힌 것이다.

그렇다면 한영민은? 알고 보니 한영민이 만난 사람은 대학 선배. 전셋값 때문에 돈을 꾸기로 한 것이다. 사건이 해결되자 김한길은 의심했던 미안한 마음에 한영민에게 대출을 해 주기로 했다. 아주 낮은 이자로. 상황을 모르는 한영민은 몇 번이나 고맙다고 인사했다고 한다.

한편, 영재의 추리 덕분에 사건을 해결하게 됐음을 알게 된 강별. 솔직히 혜성이 외의 선배들에게는 관심도 없었고 능력 또한 별로 없을 거라고 생각한 것이 미안해졌다.

다음 날 아침 식사 시간, 강별은 오늘도 어김없이 아이들의 자리로 쪼르르 달려왔다.

"선배!"

혜성이는 저도 모르게 슬쩍 요리의 눈치를 봤다. 그런데!

"영재 선배!"

강별은 영재를 부르며 영재 앞에 앉았다. 엥? 영재 선배? 이게 웬일?

"선배 덕에 사건이 해결됐다면서요? 고마워요, 선배. 정말 멋져요."

갑작스런 행동에 모두 어안이 벙벙했다. 영재가 당황하며 대답을 못 하자 눈치 빠르고 마음 착한 요리가 얼른 칭찬을 하고 나선다.

"아유, 우리 별이는 인사성도 바르네."

역시 후배 위에 선배. 하지만 아무리 생각해도 좋은 선배가 된다는 것은 정말 어려운 일이다.

영재가 들려주는
사건 해결의 열쇠

'사라진 고려청자'의 범인을 찾는 사건 해결의 열쇠는 바로 '압력'에 대해 잘 아는 거야.

💡 압력이란?

'압력'이란 단위 면적에 작용하는 힘의 크기를 말해. 즉, '압력=힘/면적'이지. 손가락으로 볼을 누르면 쏙 들어가는 것, 눈 위에 발자국이 생기는 것, 스펀지를 누르면 푹 들어가는 것, 이런 현상들이 모두 압력 때문에 일어나는 현상이야.

중력에 의한 압력의 경우 고체에서는 압력이 중력 방향인 아래쪽으로 작용하지. 그런데 액체나 기체는 분자가 비교적 자유롭게 움직일 수 있기 때

〈수압과 기압〉

문에, 액체나 기체의 압력은 모든 방향에서 작용해. 그래서 물속으로 잠수하면 몸 전체가 물의 압력을 느끼지. 우리를 둘러싸는 공기도 우리를 모든 방향에서 누르고 있어. 단, 우리가 적응되어 있어서 느끼지 못할 뿐이지.

물체의 무게와 압력의 크기

아빠와 아이가 함께 눈길을 걸어간다고 생각해 봐. 아빠의 발자국이 아이의 발자국보다 더 깊게 생길 거야. 그 이유는 아빠가 아이보다 무겁기 때문이야. 이처럼 누르는 물체의 무게가 무거워지면 가해지는 힘이 커지기 때문에 압력은 커지지.

〈무게에 따른 압력의 크기〉

물체가 닿는 면적과 압력의 크기

물체의 무게가 똑같다 하더라도 가해지는 압력이 달라지는 요인이 있어. 바로 물체끼리 닿는 면적이야. 눈 위에 서 있으면 푹푹 빠지는데 엎드려 있으면 빠지지 않잖아?

몸무게가 비슷한 두 사람이 운동화를 신었을 때와 굽이 뾰족한 구두를 신었을 때 땅이 파이는 정도를 비교해 보면, 운동화를 신었을 때보다 뾰족구두를 신었을 때 땅이 훨씬 더 깊이 파이는 것을 볼 수 있지. 운동화는 땅에 닿는 면적이 넓으니까 몸무게가 넓은 면적으로 분산되어 압력이 작아져. 반면에 뾰족구두는 땅에 닿는 면적이 좁으니까 몸무게가 좁은 면적에 몰려서 압력이 커지는 거야. 그 결과 더 깊은 자국을 남기는 거지. 이처럼 누르는 물체가 닿는 면적이 작을수록 압력은 커져.

💡 면적에 따른 압력의 변화를 이용한 예

바닥에 닿는 면적에 따라 압력이 커지기도 하고 작아지기도 하는 것을 이용한 예가 우리 주위에는 많아. 칼로 당근처럼 단단한 채소를 써는 경우를 생각해 봐. 칼날로 누를 때에는 잘 썰리지만, 칼등으로 누르면 썰리지 않잖아? 칼날은 물체를 누르는 부분이 좁기 때문에 압력이 크고, 그래서 단단한 채소를 쉽게 썰 수 있는 거야.

또, 축구화 바닥을 보면 올록볼록하게 되어 있지? 잔디에 닿는 부분을 좁게 하여 압력을 크게 함으로써 잔디에서 미끄러지지 않게 해 주지.

이와는 반대로 바닥에 닿는 면적을 넓게 해서 압력을 줄이는 예도 있어. 스키는 눈에 빠지지 않게 하기 위해 일부러 바닥을 넓게 만든 거야. 바닥을 넓게 할수록 압력이 작아지니까 눈에 훨씬 덜 빠지지. 옛날 사람들이 눈 위

를 걸을 때 신었던 설피 역시 신발보다 훨씬 넓게 만들어 눈에 닿는 면적을 크게 함으로써 눈에 빠지지 않도록 만든 거야.

그러니까 생각해 봐. 범행을 저지르던 날은 그날 내린 비로 땅이 푹신푹신해져 있었어. 마른땅보다는 압력이 가해졌을 때 흙이 파이기 쉬운 상태였지. 그런데 만약 범인이 사다리를 사용해서 올라갔다면 사람의 몸무게만큼 땅에 압력이 더 가해져서 사다리가 더 깊이 들어가 있어야 하는데 그렇지 않았어. 게다가 흙에 남아 있는 발자국을 보니 깊고 뾰족하게 파여 있었어. 그래서 범인이 사다리를 타고 올라가지 않았고, 하이힐을 신었다는 것을 알아낸 거지. 어때, 이젠 알겠지?

■ 핵심 과학 원리 – 계면 활성제

사건 2

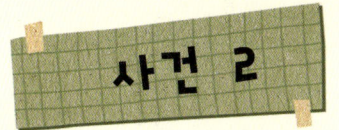

목격자가 남긴 메시지

"28세 원진실. 어젯밤 12시 25분경 명실동에 있는 자신의 원룸 화장실에서
숨진 채 발견됐어.
그런데 문제는 이 사람이 지난 달 23일에 일어난
명실동 대학생 살해 사건의 유일한 목격자였다는 거야."

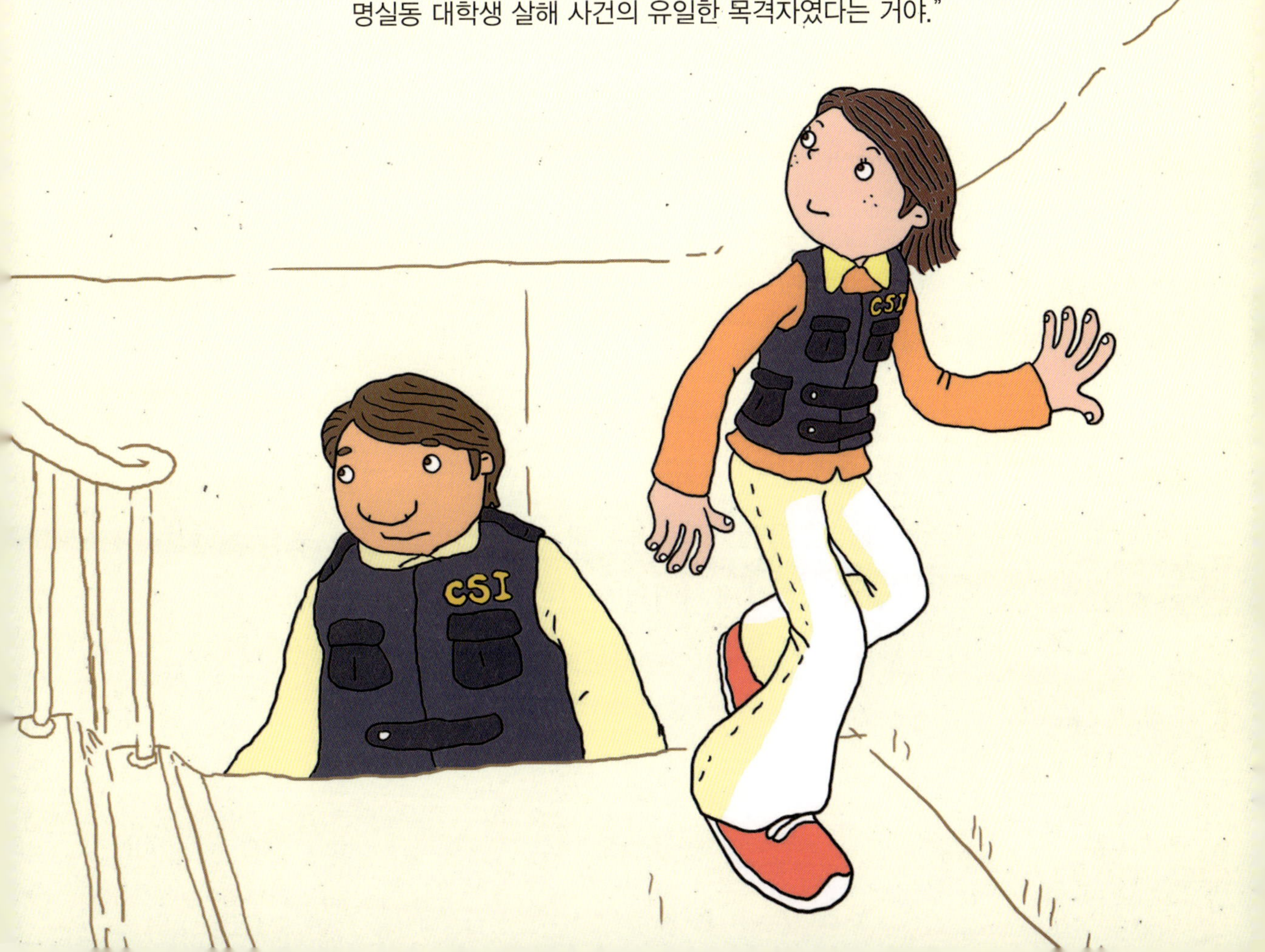

목격자의 죽음

"애들아, 애들아! 빨리 와 봐. 빨리."

오늘도 어김없이 들려오는 어 형사의 수선스러운 목소리가 막 수업을 마치고 도서관에 가려는 아이들을 붙잡아 세웠다. 우리의 어 형사, 뭐가 또 그리 급한지.

"헉헉헉. 교장실에 가 봐, 빨리."

"교장실이요? 왜요?"

혜성이가 물었다.

"'왜요'는 '일본 요'고, 경찰청장님이 부르셔."

헉! 그 바쁜 와중에도 언제 적 농담인지 도저히 가늠할 수 없는 말까지 날려 주시는 우리의 어 형사. 역시 '썰렁 대마왕'이라고나 할까? 그런데 경찰청장은 왜 아이들을 부르는 걸까?

"되도록 빨리 해결해야 할 사건이 있네. 자, 시간이 없으니까 먼저 사건부터 설명하지."

경찰청장의 명령에 어 형사가 사건에 대해 간단한 설명을 시작했다.

"28세 원진실. 어젯밤 12시 25분경 명실동에 있는 자신의 원룸 화장실에서 숨진 채 발견됐어. 그런데 문제는 이 사람이 지난 달 23일에 일어난 명실동 대학생 살해 사건의 유일한 목격자였다는 거야."

가만, 살해 사건의 목격자가 살해당했다면 범인에 의한 보복성 살해?

곧이어 박 교장이 설명을 덧붙였다.

"3일 전 원진실이 경찰에 와서 자신이 목격한 사실을 말했고, 이 일로 원진실이 위험해질까 봐 형사가 24시간 경호를 했는데, 어젯밤 쥐도 새도 모르게 살해당했어. 경호하던 형사가 발견했지."

"부검 결과 사망 시간은 어젯밤 9시에서 10시 사이로 추정되고, 왼쪽 배에 난 상처에서 피를 많이 흘려서 죽었대."

어 형사가 설명을 끝내자 경찰청장이 침통한 표정으로 말했다.

"여하튼 목격자가, 그것도 경호를 받던 와중에 죽었으니 아주 곤란해졌지. 오늘 아침 사건이 알려지면서 신문이고 인터넷이고 난리가 났어. 빨리 사건을 해결해야 여론을 누그러뜨릴 수 있어."

목격자가 남긴 메시지

정말 지금 예상하는 대로 명실동 대학생 살해 사건의 범인이 원진실을 죽였다면, 그리고 경찰이 경호하던 중에 그 일이 일어났다면, 경찰에 책임을 물을 수밖에 없으리라.

"그럼 자네들만 믿고 가네."

결국 아이들은 아주 골치 아픈 사건을 맡게 되었다.

두 가지 살해 사건

사건을 맡게 되었으니 제일 먼저 할 일은 현장 검증이다. 아이들은 곧바로 사건 현장인, 피해자 원진실이 살던 명실동 원룸을 찾아갔다. 사건 현장이 있는 곳은 오래된 동네 길 안쪽에 자리한 건물로, 총 5층이고 양쪽으로 한 층에 2개씩 모두 10개 원룸이 있었다. 원진실의 집은 502호. 제일 위층이었다.

원룸의 현관에 들어서자마자 왼쪽 옆으로 화장실이 있었다. 시신이 발견된 사건 현장은 바로 화장실. 들어가 보니, 바닥뿐 아니라 세면대 위쪽까지 핏자국이 여기저기 흩어져 있었다. 한참 동안 핏자국 하나하나를 꼼꼼하게 살펴보던 달콤이가 말했다.

"바닥에 있는 핏자국의 굳은 상태가 조금 달라. 이건 시간 차를 두고 피를 흘렸다는 얘긴데……. 가만! 핏자국의 방향이 바닥에서 세면대로, 다시 바닥으로 되어 있네."

그러자 요리가 고개를 갸우뚱하더니 뭔가 생각난 듯 말했다.

"그건 피해자가 바닥에서 세면대로 갔다가 다시 쓰러졌다는 얘긴데……. 그럼 피해자가 바닥에 쓰러져 있다가 정신이 들어 세면대를 짚고 일어나려고 했던 것 아닐까? 하지만 실패하고 다시 바닥으로 쓰러진 거지."

> **사건 현장의 핏자국은 어떤 모양일까?**
>
> 피는 물보다 약 4.5배 끈적끈적해서 자국이 잘 남아. 핏자국은 부상 유형과 위치, 가해진 힘 등에 따라 다른 모습을 보이지. 서 있거나 앉은 상태에서 피가 떨어지면 모양이 동그래. 피가 떨어진 높이가 높을수록 지름이 더 크지. 반면에 움직이면서 흘린 피는 움직인 방향으로 끝이 뾰족한 타원형이야. 빨리 움직일수록 기다란 타원형이 되지.

세면대를 보니, 허리가 닿을 만한 곳에 피가 문질러져 있었다. 피해자가 어떻게든 세면대를 잡고 일어서려고 한 것이 분명하다.

"그리고 욕조에 물이 가득 담겨 있는 것으로 봐서 범인이 침입하기 전에 피해자가 목욕을 하려고 했었나 봐."

요리의 추리에 달곰이도 동의하듯 고개를 끄덕였다. 그때 혜성이의 목소리가 들렸다.

"창문으로 들어오지 않았어. 창문이 잠겨 있고, 쇠창살도 그대로야."

5층인 데다 발코니가 따로 없어서, 밖에서 창문으로 들어오기는 쉽지 않아 보였다. 그러자 영재가 말했다.

"일단 현관문이랑 창문, 그리고 화장실 문에 있는 지문을 채취했으니까 분석해 보면 누군지 나오겠지."

"그런데 경찰이 밑에서 지키고 있는데도 범행을 저질렀다는 것은 범인이 근처에 산다는 게 아닐까?"

요리의 말에 달곰이가 물었다.

"근처에 사는 사람?"

"응. 예를 들면……. 앞집 사람처럼 같은 건물에 사는 사람."

그래, 그럴 수도 있다. 요리는 사건 현장을 나서며 우선 앞집 초인종을 눌렀다. 혹시 어젯밤 무슨 소리를 듣지 못했냐고 물으며 슬쩍 살펴보기 위해서. 그런데 초인종을 아무리 눌러도 인기척이 없었다.

아이들은 뒤이어 4층으로 내려가 물었다. 바로 위층에서 살해 사건이 일어났다는 소식에 401호와 402호에 사는 사람들은 공포에 질린 표정이었다. 그러나 두 집 모두 어젯밤 어떤 소리도 듣지 못했다고 했다.

아이들은 사건 현장 앞집인 501호에는 누가 사는지, 전화번호는 아는지 물었다. 하지만 그 역시 두 집 모두 아는 것이 없었다. 아무래도 원룸에, 주로 혼자 사는 사람들이라 그런지 이웃 간에 왕래가 거의 없다는 것이다. 결국 건물 주인의 전화번호만 받아서 돌아올 수밖에 없었다.

학교로 돌아온 아이들은 각자 해야 할 일을 의논하기 시작했다. 먼저 요리가 말문을 열었다.

"먼저 부검 결과 다시 확인해 보고, 대학생 살해 사건도 자세히 알아봐야겠어. 나랑 달곰이가 그걸 맡을게. 아, 그리고 아까 오는 길에 건물 주인한테 전화해서 501호 전화번호 받았거든. 혼자 사는 독신남이라고 하던데 전화를 안 받더라고."

그러자 혜성이가 말했다.

"그럼 내가 전화하고 영재랑 같이 원진실에 대해 알아볼게. 대학생 살해 사건의 범인이 이 사건의 범인이라고 단정할 수 없으니까."

"좋아, 그럼 시작하자."

요리와 달곰이는 곧바로 부검실을 찾아 부검의와 함께 시신을 다시 확인했다. 아까 들은 대로 왼쪽 배에 커다란 상처가 나 있었다. 부검 전에 찍은 사진을 보니 몸의 왼쪽 부분에 출혈이 많았다. 시신을 확인한 다음 요리와 달곰이는 명실동 대학생 살해 사건과 원진실의 경호를 맡았던 명실 경찰서로 향했다.

그런데 이를 어쩐다? 요리와 달곰이가 수사과장 문형식 반장을 찾으니, 모두 달가운 표정이 아니었다. 물론 자신들의 실수로 일이 더 커진 상황이긴 하지만, 그렇다고 사건이 곧바로 CSI로 넘어간 것은 기분 나쁠 것이다. 게다가 이번 사건이 언론에 알려지면서 온갖 꾸지람을 다 받고 그날 경호를 맡았던 박명진 형사는 바로 대기 발령까지 받았으니, 어쩌면 당연한 반응이라는 생각도 들었다.

하지만 누가 맡고 싶어서 맡았나? 할 수 없이 맡았지. 분위기야 어떻든 수사는 해야 되니, 요리와 달곰이는 문 반장에게 먼저 일어난 대학생 살해 사건에 대해 물었다. 그러자 문 반장은 수사 일지를 내밀고는 휙 가 버렸다. 그 썰렁한 분위기라니! 그러나 사건 해결을 위해서라면 타의 추종을 불허하는 불굴의 의지를 가진 우리의 CSI가 아니던가! 요리와 달곰이는 하나라도 빠뜨릴세라 수사 일지를 열심히 살펴보았다.

지난달 23일 새벽, 명실동 주택가 외진 골목길 안쪽에서 대학생 여미인의 시신이 발견되었다. 그 골목 끝 집에 사는 할아버지가 새벽 운동을 나왔다가 쓰레기통 옆에 피를 흘리고 쓰러진 피해자를 발견해 경찰에 신고했다고 한다.

여미인이 실종된 날은 그 전날. 여미인은 밤 11시쯤 버스에서 내려 휴대 전화로 집에 가는 중이라는 전화를 집에 걸었다. 그런데 늦어도 20분이면 걸어올 길을 밤 12시가 넘도록 안 들어오자 이상히 여긴 여미인의 부모가 계속 전화를 걸었다고 한다. 하지만 받지 않고……. 그래서 불길한 마음에 찾아 나섰으나 밤에는 결국 찾지 못하고, 동이 틀 무렵 시신으로 발견된 것이다. 물론 휴대 전화는 이미 박살나 있었다.

사건 발생 직후 대대적인 탐문 수사가 시작되어 사건의 목격자를 찾았으나 감감 무소식이었다. 결국 용의자는 물론이고 어떠한 단서도 찾지 못한 채 거의 한 달이 지나고 사건이 미궁으로 빠지려는 순간, 원진실이 나타난 것이다.

원진실은 자신의 안전을 위해 경호를 해 줄 것을 전제로 자신이 목격한 것을 말했다고 한다. 그렇다면 원진실이 말한 내용은?

　사건이 일어난 날 밤 11시 10분경. 원진실은 회식을 마치고 집으로 돌아오는 길이었는데, 어두운 골목 안쪽에서 여자의 신음 소리가 들리는 것 같았다. 순간 오싹한 느낌이 들어 골목 안쪽을 쳐다보았더니, 한 여자가 벽에 기대어 있고 한 남자가 그 여자 앞에 딱 붙어 있더라는 것이다. 이때 인기척을 느꼈는지 남자가 얼핏 돌아보았다. 워낙 어두운 골목길이라 잘 보이지는 않았는데, 키는 대략 175센티미터, 마른 체구에 모자를 푹 눌러쓰고 있었다고 한다.

　두 사람은 연인 같기도 하고 아닌 것 같기도 했는데, 남자가 돌아보는

눈빛이 너무나 섬뜩해 얼른 못 본 척하고 지나쳐 왔다. 마음이 영 찜찜했지만 신고하기도 뭐해서 그냥 잤다는 것이다.

다음 날 원진실은 저녁 뉴스를 보고 살해 사건이 났음을 알았다. 하지만 번쩍이던 그 남자의 눈빛이 떠오르면서 범인이 자신을 보았을까 하는 두려움에 신고하지 못했다. 그러나 아무리 생각해도 그 눈빛이 어디선가 많이 본 눈빛이라는 생각을 떨쳐 버릴 수 없었고, 결국 용기를 내어 경찰에 신고한 것이다. 그런데 목격자 증언을 한 지 3일 만에 그녀가 두려워했던 대로 살해당하고 말았으니, 이런 끔찍한 일이 어디 있겠는가!

하지만 난감한 것은 원진실이 남긴 증언만으로는 범인이 누구인지 도저히 알아낼 수 없다는 데 있었다. 게다가 목격자까지 살해당했으니, 명실동 대학생 살해 사건은 다시 원점으로 돌아갔다. 이제 남은 한 가닥 희망은 원진실을 살해한 범인을 먼저 찾아내는 것이다. 그래야 그가 대학생 살해 사건의 범인이기도 한지 아닌지 알 수 있을 것이다.

사라진 용의자

요리와 달곰이는 깜깜한 밤이 되어서야 학교로 돌아왔다. 마침 혜성이와 영재도 막 학교로 돌아온 참이었다. 그리고 어 형사가 그사이 나온 지문 감식 결과를 가지고 아이들을 기다리고 있었다.

"화장실 문, 창문, 현관문. 모두 원진실의 지문만 나왔어."

어 형사의 말에 아이들은 적잖이 실망했다. 하기야 대학생 살해 사건과 동일범의 소행이라면, 지문을 남길 리가 없지. 한 달이 넘도록 아무런 단서도 못 찾을 정도로 철저한 사람인데.

그러자 어 형사가 분위기를 눈치챘는지 슬쩍 말을 던졌다.

"그렇게 실망할 것 없어. 원진실의 지문까지 지워지지 않았다는 건 범인이 지문을 지우지 않았다는 얘기잖아. 그럼 원진실이 문을 열어 줬다고 볼 수 있지."

혜성이가 얼른 어 형사의 말을 이해하고 말했다.

"그러고 보니 이상하다. 원진실은 증언한 후에 스스로 경찰의 보호를 요청할 만큼 자신이 위험한 상황에 처할 수 있다는 걸 알고 있었어. 그런데 문을 열어 줬다는 건 상대가 의심할 만한 사람이 아니었다는 것. 즉, 얼굴을 아는 사람이었다는 거지."

"가만, 501호! 501호에 사는 사람 조사했어?"

요리의 물음에 혜성이가 대답했다.

"아무래도 그 남자가 수상하긴 해. 전화를 계속 안 받더라고. 그래서 집 계약서에 써 놓은 주민 등록 번호를 이용해 그 남자에 대해 알아봤지. 이현철. 나이는 42세. 현재 대망 건설 설계팀 과장이고 노총각. 그런데 회사에 전화해 봤더니 어제부터 휴가 중이고, 회사에는 어제 저녁 6시 비행기로 인도 여행을 간다고 했대."

"그럼 아니네. 사건 발생 시간보다 무려 3시간 이상 빠르잖아."

달곰이가 실망한 듯 말하자, 영재가 고개를 저으며 말했다.

"아니. 혹시나 해서 공항 관리국에 전화해서 알아봤더니, 탑승자 명단에 없어."

"정말?"

모두 동시에 소리를 질렀다. 정말 이상한 일이 아닌가. 회사에는 인도 여행을 간다고 해 놓고 비행기를 안 탔다. 그리고 집에도 없다. 혹시 알리바이를 위해 그런 소문을 낸 것은 아닐까? 그리고 바로 앞집이니까 경찰의 눈에 띄지 않고 범행을 할 수 있지 않았을까?

"내가 이현철이 어디 있는지 찾아볼게. 원진실 주변은 알아봤어?"

어 형사가 묻자, 혜성이가 대답했다.

"네. 비누, 샴푸, 린스 등을 만드는 회사인 '장미 생활 건강'의 연구원이었어요. 대학에서 화학을 전공하고 지난해 졸업, 취직했대요. 집이 시골이라 대학 때부터 혼자 자취했는데, 취직하면서 회사에 가까운 이곳으로 이사했다고 하더라고요. 특별히 원한을 살 만한 성격은 아니었던 것 같아요. 동료들 사이에서도 성실하고 성격 좋고, 불의를 보면 절대 못 참는 정의로운 성격이었다고 칭찬이 자자했어요."

그렇다면 원한 관계에 의한 살해 사건은 아닌 것 같고, 아이들은 사라진 이현철이 범인일 거라는 생각이 점점 강하게 들었다.

원진실이 남긴 메시지

그러나 다음 날 아침, 아이들의 기대는 여지없이 깨지고 말았다.
"이현철은 원진실을 죽인 범인이 아니야."
어 형사가 밤새 이현철을 찾아낸 것이다.
"공항으로 가다가 교통사고가 나서 수술하고 지금 병원에 있대. 내가 가서 확인했는데, 다리가 부러져 누워 있더라고."
그렇다면 수사는 다시 원점. 아이들은 맥이 빠졌다. 이제 어느 방향으로 수사를 해야 할지……. 그때, 달곰이가 조심스레 말을 꺼냈다.
"내가 밤새 생각해 봤는데, 아무래도 이상한 점이 있어."
"이상한 점?"
"응. 원진실은 왜 굳이 세면대를 잡고 일어나려고 했을까?"
"그야 그냥 일어나기 힘드니까 뭔가를 잡고 일어난 거지."
영재가 대답하자, 달곰이는 답답하다는 듯 말했다.
"아니야. 생각해 봐. 범인의 공격을 받아 정신을 잃었다가 겨우 정신이 들었어. 나 같으면 그냥 방으로 기어 나왔을 것 같아. 그래야 누구한테든 도움을 청할 수 있을 거 아냐. 그런데 왜 기어 나오려 하지 않고 굳이 세면대를 잡고 일어났느냐는 말이지."

생각해 보니, 진짜 이상하다는 생각이 들었다. 범행 후 겨우 정신이 들어 몸을 못 가눌 정도라면 세면대를 붙잡고 일어서는 것보다 기어 나오는 게 훨씬 수월했을 터.

"그리고 한 가지 더. 세면대에서 허리가 닿는 부분에 핏자국이 많이 묻어 있었거든. 아무래도 세면대를 잡은 상태로 잠시 동안 머물렀다는 생각이 드는데, 왜 그랬을까?"

정말 왜 그랬을까? 바로 그때, 요리가 벌떡 일어나며 말했다.

"아유, 그렇게 궁금하면 다시 가 보면 되잖아."

역시 화끈한 요리. 결국 아이들은 아침밥도 거른 채 곧바로 사건 현장을 다시 찾았다. 달곰이와 요리가 화장실을 면밀히 살펴보는 사이, 혜성이와 영재는 현관문과 화장실 사이를 왔다 갔다 하며 사건을 재현했다.

"왜 하필 원진실은 화장실에서 죽었을까?"

혜성이의 물음에 영재가 대답했다.

"현관문이랑 가장 가까이 있는 화장실로 도망가서 문을 잠그려고 하지 않았을까? 원룸이라 다른 곳으로 도망가 봤자 숨을 데가 없잖아."

듣고 보니 일리 있는 말이다. 원룸에서 문을 잠글 수 있는 곳은 딱 한 곳, 바로 화장실뿐. 그러나 문을 잠그기도 전에 범인이 따라 들어와 범행을 저지르고 말았으리라.

바로 그때였다. 화장실에 있던 요리가 갑자기 소리를 질렀다.

"얘들아, 이리 와 봐."

아이들이 재빨리 가니, 요리가 화장실 거울을 가리키며 말했다.

"이것 봐. 글씨가 있어."

거울을 보니, 거울의 일부가 뿌옇게 흐려져 있고 그 사이로 투명하게 '아'라는 글자가 나타나 있는 것이 아닌가!

"정말!"

"또 해 볼게."

그러더니 요리는 거울에 대고 입김을 호호 불기 시작했다. 그러자 이게 어떻게 된 일인가! 거울 위에 점점 한 글자씩 글자가 나타났다. '들', '게', '가'. 순서대로 읽으면, '가게 아들'! 원진실은 죽으면서 범인에 대한 메시지를 남긴 것이다. 이른바 '다잉 메시지'.

"그럼 원진실을 죽인 범인이 가게 아들? 이현철이 아니고?"

달곰이가 소리를 지르자 영재가 고개를 갸우뚱하며 말했다.

"그건 아직 모르지."

"어떻게 된 거야?"

혜성이가 묻자 요리가 대답했다.

"달곰이 말대로 세면대를 잡고 어떻게든 서 있으려 했다면, 그 상태로 뭔가 하려고 하지 않았을까 하는 생각이 들었어. 그때 원진실이 세제를 만드는 회사의 연구원이었다는 말이 떠올라서 혹시나 했지. 이건 비누로 쓴 글씨야."

"비누로?"

"응. 원진실은 살해당하기 전에 목욕을 하려고 욕조에 물을 받았어. 뜨거운 물을 받으면 화장실에 수증기가 가득 차잖아. 그리고 그 수증기가 차가운 거울 면에 닿으면 동그란 물방울이 되어 맺히게 되지. 그런데 왜 물방울이 동그란지 알아?"

"그야 표면 장력 때문이지."

혜성이가 아는 체를 했다.

"맞아. 액체에는 표면적을 가능하면 작게 만들려는 힘, 즉 '표면 장력'이 있어. 액체 분자 사이에는 서로 끌어당기는 힘이 작용하는데, 표면에는 밖에서 끌어당기는 힘이 없으니까 안쪽으로만 잡아당겨지면서 표면 장력이 나타나지. 액체 방울은 표면 장력 때문에 표면적이 가장 작은 구형을 이루니까 동그란 거야."

"아, 그래서 비눗방울이 동그랗구나!"

달곰이가 이제야 알겠다는 듯 말하자, 혜성이가 또 아는 체를 한다.

"그래. 소금쟁이가 물 위를 걸어 다닐 수 있는 이유도 바로 물의 표면 장력이 소금쟁이의 몸무게를 받쳐 주기 때문이지."

그러자 요리가 설명을 이어 갔다.

"맞아. 그런데 동그란 물방울은 빛을 만나면 마치 렌즈와 같은 역할을 해서 빛이 꺾이게 되지. 그래서 거울에 물방울이 맺히면 물체가 선명하지 않고 뿌옇게 보이는 거야."

그러자 이번에는 혜성이가 의문을 제기했다.

"그게 이 글씨랑 무슨 상관이 있어? 이건 비누로 쓴 거라면서?"

"비누나 샴푸처럼 액체와 액체의 경계면을 느슨하게 해 주는 물질을 '계면 활성제'라고 해. 계면 활성제는 표면 장력을 약하게 하거든. 그래서 물방울이 맺힌 거울 위에 비누로 글씨를 쓰면 그 부분은 표면 장력이 약해져 표면이 평평해지지. 그러면 그 부분만 빛이 꺾이지 않고 거울에 그대로 반사해 선명한 글씨가 나타나게 돼. 이 글씨는 물방울이 없을 때에는 안 보이지만, 지금처럼 입김을 불어 물방울이 맺히게 하면 다시 나타나."

"우아~, 신기하다!"

요리의 논리적인 설명에 모두 탄성이 절로 나왔다.

"원진실은 세제를 연구하던 연구원이었어. 물과 세제의 성질을 아주 잘 아는 사람이지. 그래서 원진실은 물의 표면 장력과 비누의 성질을 이용해 마지막 힘을 다해 범인에 대한 메시지를 남긴 거야."

그러자 영재가 다시 의문을 제기했다.

"그런데 원진실이 글씨를 썼다면 비누와 거울에도 피가 묻어 있어야 될 텐데, 비누와 거울이 너무 깨끗하다는 게 이상해."

계면 활성제는 어떻게 때를 뺄까?

계면 활성제는 분자 내에 물과 친한 부분(친수기)과 기름과 친한 부분(친유기)을 동시에 가지고 있어. 오염 물질을 만나면 먼저 기름과 친한 부분이 오염 물질을 감싸 오염 물질을 표면에서 떼어 내지. 이때 물과 친한 부분은 물 쪽으로 배열되어 물과 잘 섞이게 돼. 그래서 오염 물질을 물로 가져오는 거야.

그러자 달곰이가 대답했다.

"아니야. 어제 사진을 보니까 상처가 왼쪽 배에 있고, 피도 거의 몸의 왼쪽 부분에만 묻어 있었어. 그러니까 피가 묻지 않은 오른손으로 글씨를 썼다면 비누나 거울에 피가 안 묻을 가능성이 있지."

"그럼 부검실에 알아보자. 손가락으로 글씨를 썼다면, 손가락에 아직 비누 성분이 남아 있을 거야."

영재의 말에 모두 동의했다. 아이들은 곧바로 부검실에 검사를 의뢰했다. 그럼 이제 남은 건 '가게 아들'이 누군지 밝혀내는 일.

"그냥 가게 아들이라고 썼다는 건 일단 이름은 모른다는 거야."

요리가 자신의 생각을 말하자 혜성이가 의견을 보탰다.

"그래, 그렇다면 근처 가게부터 찾아보자. 보통 큰 슈퍼마켓인 경우는 '○○ 슈퍼'라고 하잖아. 작은 가게일 가능성이 커."

그러자 영재가 번뜩 생각나는 듯 말했다.

"맞다. 아까 올라오면서 보니까 작은 가게가 하나 있던데!"

"좋아, 그럼 그 가게 주인집에 아들이 있는지부터 알아보자!"

 용의자를 검거하다

수사는 비밀리에 진행되었다. 혹시 범인이 대학생 살인 사건의 범인과 같고, 사건의 목격자가 원진실임을 범인이 알아차려 원진실을 죽였다면, 그리고 그가 원진실이 남긴 다잉 메시지처럼 '가게 아들'이라면, 이번에도 자신을 용의자로 지목하여 수사하고 있다는 사실을 금방 알아차릴 수 있기 때문이다.

아이들이 알아보니, 그 가게 주인집에는 정말 아들이 한 명 있었다. 강삼수. 국내 유명 대학을 나와 3년째 취업 준비를 하고 있는 백수. 주변 사람들의 평으로는 인사성도 바르고 가끔 가게에 나와 일도 돕는 착한 아들이라는데, 정말 그가 범인일까?

아이들이 강삼수에 대해 조사하는 사이, 부검실에 의뢰한 결과가 나왔다. 예상대로 원진실의 오른쪽 집게손가락에서 비누 성분이 검출됐다. 그렇다면 거울에 씌어 있는 '가게 아들'은 원진실이 죽기 전에 일부러 남겨 놓은 메시지임에 틀림없고, 강삼수가 범인일 확률이 높다.

강삼수가 수사망이 좁혀 오는 것을 눈치채고 도망칠 우려가 있으니, 일단 경찰서로 데려와 조사할 수밖에 없다. 명실 경찰서에서 경찰관이 급히 파견되고, 강삼수가 원진실 살해 용의자로 경찰서에 잡혀 왔다.

"백수라고 사람 무시하는 겁니까? 내가 사람을 죽이다니, 증거가 있으면 대 보세요!"

강삼수가 문 반장에게 소리 소리를 질렀다. 그러자 혜성이가 낮은 목소리로 대답했다.

"피해자가 살해당한 욕실 거울에 당신을 뜻하는 메시지를 남겼어요."

"뭐라고? 거울에 내 이름을 써 놨다고?"

"이름은 아니지만, '가게 아들'이라고 씌어 있었어요."

달곰이의 말에 강삼수는 더 기가 막히다는 표정으로 말했다.

"뭐라고? 가게 아들? 허 참, 세상에 가게 아들이 나 한 명뿐이야?"

맞는 말이긴 하다. 그가 범인이라는 보다 확실한 증거가 필요하다. 바로 그때였다. 취조실 문이 열리더니, 사건이 일어난 날 원진실을 경호했던 박명진 형사가 들어왔다. 그는 현재 사건에 대한 책임을 지고 대기 발령 상태인데, 어쩐 일인지?

"박 형사, 왜? 무슨 일이야?"

"잠깐 드릴 말씀이 있어요."

취조실 밖으로 자리를 옮기자, 그는 천천히 말문을 열었다.

"그날 밤, 8시 50분쯤 빵을 사러 가게에 들렀어요. 그때는 아주머니가 계셨죠. 아주머니가 며칠 동안 제가 계속 동네에 나타나는 것을 눈치채고 슬쩍 물어보셨어요. 경찰이냐고. 아니라고 했더니, 척 보면 다 안다면서 만날 빵만 먹으면 어떡하냐고 밥을 먹어야지 하며 걱정을 하시더라고요. 조금만 내려가면 식당 있으니까 얼른 가서 먹고 오라고 하셨어요. 괜찮다고 말하고 빵을 사 가지고 나왔는데……."

박 형사가 잠시 말을 멈추자, 문 반장이 다급하게 재촉했다.

"나왔는데?"

박 형사는 크게 심호흡을 하더니, 다시 말하기 시작했다.

"생각해 보니까 원진실은 집에 있으니까 어느 정도는 안심해도 될 것 같아서, 얼른 먹고 와야지 하는 생각에 밥을 먹으러 갔어요."

"그럼 자리를 비웠단 말이야? 그런 말은 안 했잖아."

문 반장이 얼굴이 빨개지며 묻자, 박 형사가 고개를 숙이며 흐느꼈다.

"죄송합니다. 자리를 비운 사실이 알려지면 더 큰 벌을 받을 것 같아서, 흑흑흑."

"그럼 가게에서 신분이 노출됐을 확률이 높다는 얘기네요?"

요리의 말에 박 형사는 힘없이 고개를 끄덕였다. 그러고는 조심스럽게 말을 이었다.

"그랬던 것 같아. 그래서 혹시나 하는 생각에 그동안 혼자 조사를 좀 했거든. 그런데 뜻밖의 얘기를 들었어. 강삼수의 동네 친구 말로는 강삼수가 먼저 살해당한 여미인을 아주 좋아했다는 거야."

그렇다면 강삼수가 여미인과 관련이 있었다는 말. 처음 예상했던 대로 여미인 살해 사건과 원진실 살해 사건이 관련되었을 가능성이 더 커졌다. 그리고 두 사건의 범인은 한 사람, 바로 강삼수일 가능성도 더 커진 것이다. 이제 남은 방법은 하나.

"가택 수사를 해야 될 것 같아요."

요리의 말에 문 반장은 말도 안 된다는 듯 코웃음을 쳤다.

"허허허. 그게 말이야, 그렇게 쉽게 할 수 있는 게 아니거든."

바로 그때였다.

"그래, 해. 수색 영장 발부해 줄게."

박 교장이었다. 아이들을 믿어 주는 사람은 역시 박 교장뿐. 아이들은 곧바로 수색 영장을 발부받아 강삼수의 집으로 향했다. 요리와 혜성이는 강삼수의 방을 뒤지고, 영재와 달곰이는 마당과 집 안 구석구석을 뒤지기 시작했다.

그런데 방 안 구석구석을 뒤지던 요리의 눈에 옷장 위에 올려진 상자 하나가 눈에 띄었다. 요리가 상자를 열어 보니, 이게 뭔가! 상자 가득

든 것은 바로 여미인의 사진. 그것도 모두 상대방이 눈치채지 못하게 찍은 사진들이었다.

"이건 뭐야. 일기장 같은데!"

혜성이가 상자 안에서 수북한 사진 밑에 있는 공책 한 권을 찾아냈다. 공책을 펼쳐 보니, 2년 전 여미인을 처음 만난 날부터 빼곡히 적혀 있는 일기. 혜성이가 황당하다는 듯 말했다.

"이 정도면 스토커 아냐?"

정말 혜성이의 말대로 강삼수는 여미인에게 사랑의 감정을 넘어 엄청난 집착을 가졌던 것이다. 그때였다. 마당을 살펴보던 달곰이와 영재가 헐레벌떡 뛰어 들어오며 소리쳤다.

"찾았어. 범행에 사용된 흉기를 찾았어. 빈 항아리 안에 있더라고."
달콤이가 가지고 들어온 신문지 뭉치를 풀자, 피 묻은 칼 두 자루가 나왔다. DNA 검사 결과, 각각의 칼에 묻은 핏자국은 여미인과 원진실의 것으로 밝혀졌다. 결국 강삼수가 여미인을 죽이고 이를 목격한 원진실까지 죽인 범인임이 확실하게 드러난 것이다.

"어떻게든 취직을 해서 사랑을 고백하려고 했는데, 남자가 생긴 거예요. 한눈에 보기에도 나랑은 비교도 안 될 만큼 능력 있어 보이는 남자. 하지만 그대로 포기할 수는 없었죠. 그래서 어렵게 용기를 내어 고백을 했는데……. 그런데 날 인간 취급도 안 하고 벌레 보듯 하는 거예요. 너무 화가 났어요. 그래서 다음 날 칼을 가지고 나가서 말했어요. 내 사랑을 받아 주지 않으면 죽어 버리겠다고. 그랬더니……. 그랬더니 맘대로 하라는 거예요. 그래서 나도 모르게 그만……."
"그럼 원진실 씨가 목격자였다는 건 어떻게 알았어요?"
어 형사가 잔뜩 화난 목소리로 묻자, 강삼수는 괴로운 듯 대답했다.
"막상 범행을 저지르고 나니, 하루하루가 미칠 지경이었어요. 어두워서 잘은 못 봤지만 분명히 여자 한 명이 목격을 한 것 같았죠. 하지만 한 달이 지나도록 조용하기에 다행이다 싶었는데, 며칠 전부터 낯선 차가 동네에 계속 나타나더라고요. 혹시나 해서 유심히 살펴보다가, 원룸에 사는 아가씨를 보호하는 걸 알았어요. 그래서 그 여자다 싶었죠. 그런데 마침 형사가 저녁을 먹으러 가는 거예요."

"그래서 그 시간을 이용해 목격자의 입을 막기 위해 범행을 저질렀다? 그런데 목격자가 순순히 문을 열어 주던가요?"

"가끔 쌀 배달하러 갔었거든요. 그리고 저희 어머니랑 친하기에 어머니가 반찬 갖다주라고 해서 왔다고 했더니 열어 주더라고요."

결국 아이들은 목격자 살해 사건이 일어난 지 이틀 만에 범인을 잡고, 한 달 전에 일어난 대학생 살해 사건까지 한꺼번에 해결하는 저력을 보여 주었다. 하지만 아이들이 사건을 해결할 수 있었던 것은 죽는 순간까지 마지막 힘을 다해 다잉 메시지를 남겨 놓은 원진실의 희생 덕분이었다.

사건을 목격했다는 이유로 죽임을 당할 수밖에 없었던 원진실을 생각하니, 아이들은 마음이 아팠다. 그리고 목격자 보호가 얼마나 중요한지, 또 잠깐의 방심이 얼마나 큰 희생을 치르게 되는지를 새롭게 깨달았다.

요리가 들려주는
사건 해결의 열쇠

    살해 현장을 목격한 목격자 원진실의 죽음을 밝혀낸 사건 해결의 열쇠는 바로 물의 표면 장력과 비누의 성질에 대해 잘 아는 것이야.

💡 표면 장력이란?

    액체의 표면은 되도록 면적을 작게 하려는 성질이 있는데, 이때 작용하는 힘을 '표면 장력'이라고 해.

    표면 장력은 액체 분자들이 서로 당기는 힘 때문에 생겨. 액체 분자들은 그 주위를 둘러싼 분자들과 사방에서 서로 끌어당기는 힘을 받고 있는데, 표면에는 밖에서 끌어당기는 힘이 없잖아? 그러니까 표면에는 안쪽에서 끌어당기는 힘만 있어. 그래서 표면은 가장 작은 표면적을 가지려고 둥그렇게 되지.

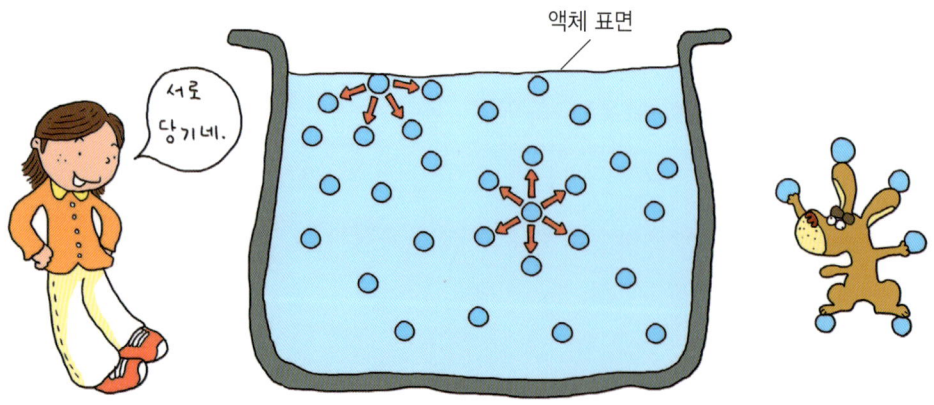

〈표면 장력의 원리〉

💡 표면 장력의 예

액체에 표면 장력이 작용하는 예는 우리 주변에서 쉽게 찾을 수 있어.

수도꼭지에서 물이 떨어지는 모습을 관찰해 봐. 물이 계속 흐를 때에는 물줄기를 이루어 떨어지지만, 똑똑 떨어질 때에는 동그란 방울 모양이 되어 떨어지지? 바로 표면 장력 때문이야. 유리컵에 물을 꽉 채워 담고 옆에서 보면 물이 볼록하게 올라와 있는 것이 보여. 이것도 표면 장력 때문이지.

또, 빨대에 비눗물을 묻혀 후~ 하고 공기를 불어 넣으면 비눗방울이 생기는데, 비눗방울 역시 동그랗지? 이것도 표면 장력 때문이지.

뿐만 아니라 표면 장력이 있기 때문에 가능한 일도 많아. 소금쟁이가 물 위를 걸어 다닐 수 있는 것도, 면도날이나 바늘을 눕혀서 물에 띄우면 가라앉지 않고 물 위에 뜰 수 있는 것도 다 표면 장력이 이들을 받쳐 주기 때문이야.

〈표면 장력의 예〉

💡 표면 장력의 크기

표면 장력은 액체의 종류에 따라 그 크기가 달라. 표면 장력이 클수록 동그란 모양이 되고, 증발하는 데 더 오랜 시간이 걸리지. 표면 장력의 단위는 단위 길이당 가해지는 힘으로 나타내.

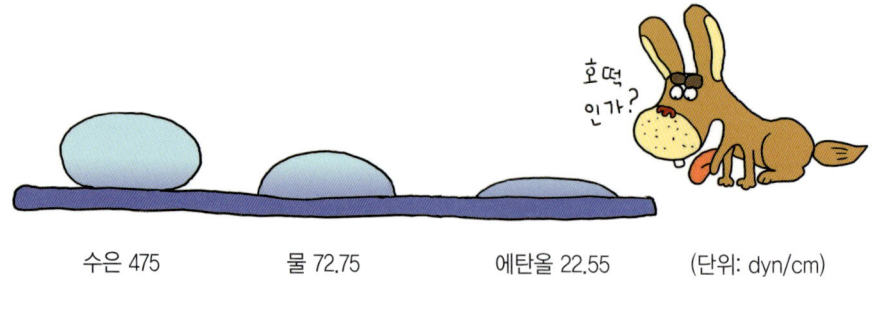

수은 475   물 72.75   에탄올 22.55   (단위: dyn/cm)

〈액체의 표면 장력〉

위에서 보는 것과 같이 표면 장력의 크기는 수은, 물, 에탄올 순이야. 그래서 수은은 물보다 동그란 방울을 만들고, 에탄올은 물보다 빨리 증발하지.

💡 표면 장력을 줄이는 계면 활성제

그럼 표면 장력은 줄어들기도 할까?

일단 온도가 높아지면 표면 장력은 줄어들어. 온도가 높아지면 분자의 운동이 활발해지잖아? 그럼 분자 사이의 거리가 멀어지고 따라서 분자 사이에 끌어당기는 힘도 약해지기 때문이지.

또, 비누나 합성 세제와 같은 '계면 활성제'도 물에 녹아서 물의 표면 장력을 줄여. '계면'이란 기체와 액체, 액체와 액체, 액체와 고체가 서로 맞닿는 경계면을 말해. 그리고 계면 활성제는 이런 경계면을 느슨하게 해 주는 물질을 말하지. 계면 활성제는 한 분자 안에 물과 친한 부분과 기름과 친한 부분을 동시에 가지고 있어. 예를 들어 계면 활성제를 물에 넣으면 물과 친한 부분이 물과 붙어 물 표면을 감싸면서 표면을 되도록 넓게 하려고 해. 그래서 계면 활성제는 물의 표면 장력을 약하게 해 줘.

계면 활성제는 이러한 구조 때문에 옷의 때를 빼는 데 널리 쓰이는데, 기름과 친한 부분이 오염 물질에 달라붙고 물과 친한 부분이 물 쪽으로 배열되면서 오염 물질을 떨어뜨려 물로 가져오지.

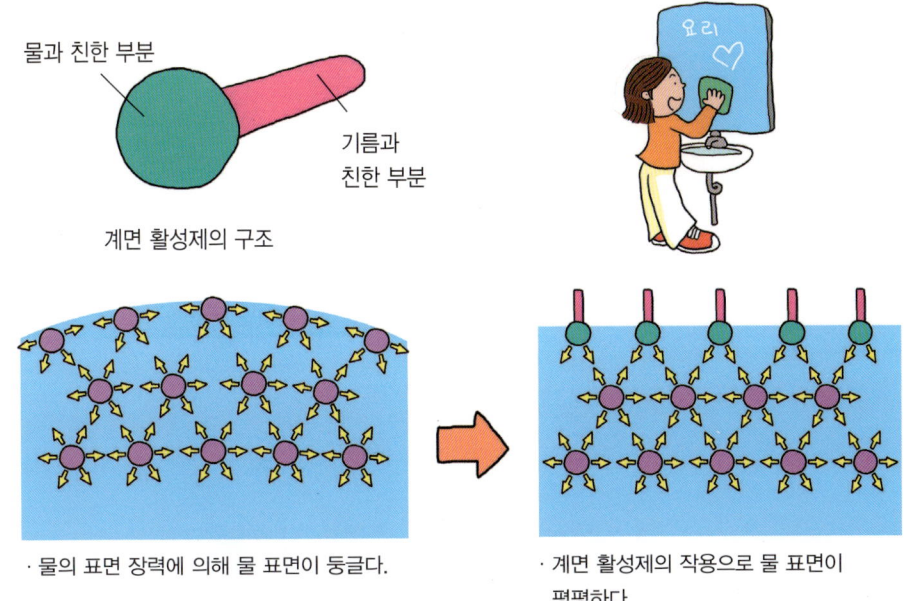

· 물의 표면 장력에 의해 물 표면이 둥글다.
· 계면 활성제의 작용으로 물 표면이 평평하다.

〈계면 활성제와 표면 장력〉

그러니까 생각해 봐. 물방울이 맺힌 거울 위에 비누로 글씨를 쓰면 표면 장력이 약해져 표면이 평평하게 되지. 물방울이 있는 부분은 빛이 꺾여서 뿌옇게 보이지만, 표면 장력이 약해진 글자 부분은 빛이 그대로 반사해 깨끗하고 선명하게 보이는 거야. 그래서 입김을 불어 다시 거울 위에 물방울을 맺히게 하니까 글자가 다시 나타난 거지. 어때, 이젠 알겠지?

■ 핵심 과학 원리 – 변성암

사건 3

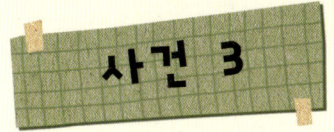

피해자와 가해자

힘들게 살다가 끔찍하게 죽은 내 친구, 강대식.

대식이가 하늘나라에서라도 편히 쉴 수 있게 범인을 잡아 줘. 부탁이야.

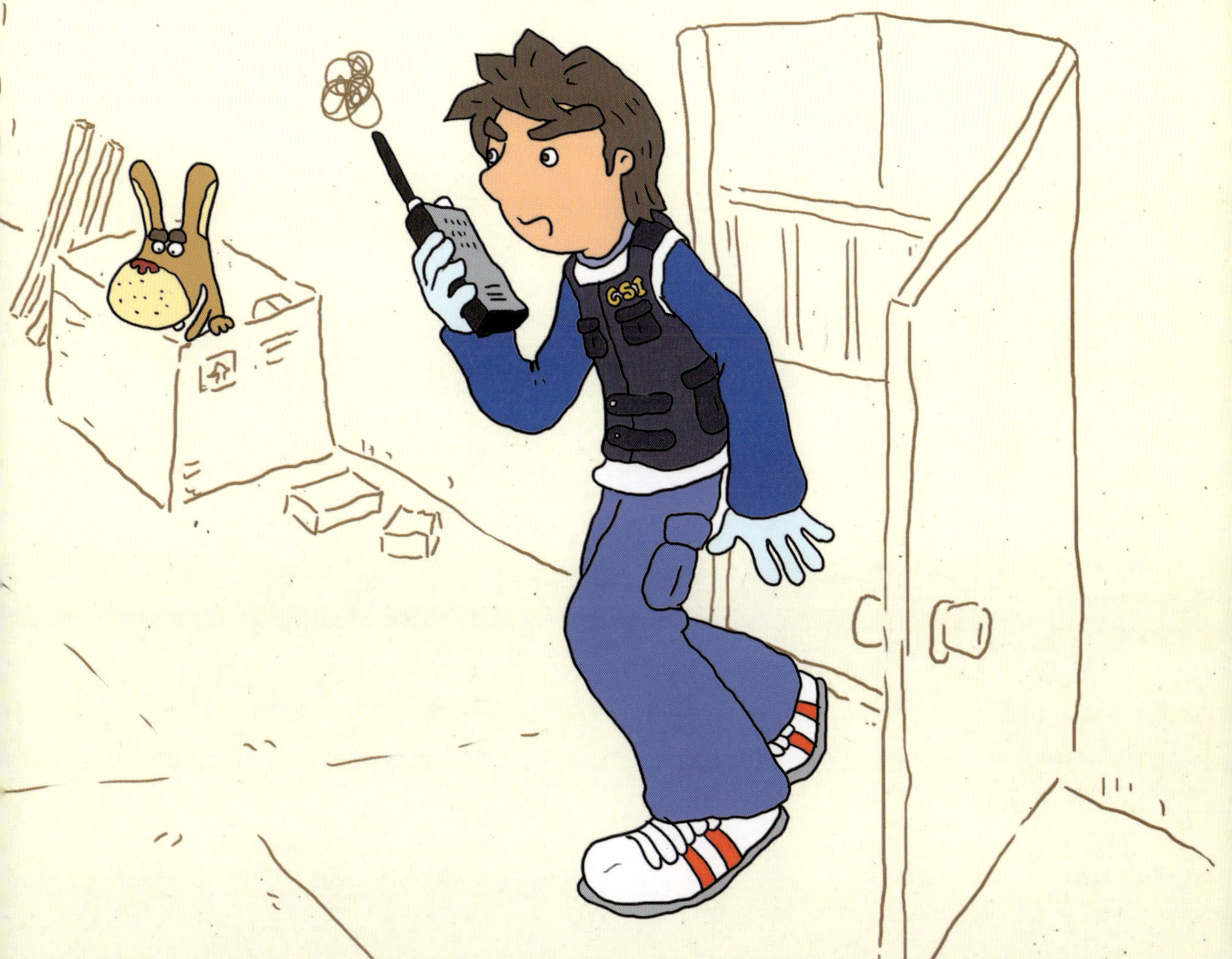

친구의 제보

어린이 과학 형사대 CSI의 인터넷 팬 카페. 지난해 처음 생긴 이후로 회원 수도 부쩍 늘어 어느새 2만 명이 넘었다. 아이들은 그동안 바쁜 중에도 가끔씩 팬 카페에 들러 회원들과 채팅도 하고, 팬레터에 답장도 쓰고, 요즘 어떻게 지내는지 알리기도 했는데, 개학한 후에는 워낙 바빠서 통 짬을 낼 수가 없었다.

그래도 넷 중에서 가장 열심히 팬 카페에 들르는 아이는 영재. 워낙 컴퓨터를 좋아하고 웹 서핑이 취미인지라, 오늘도 잠깐 짬이 났을 때 영재는 팬 카페에 들어갔다. 그리고 게시판에 올라온 글을 쭉 훑어보고 있는데, 제목 중에서 유독 눈에 띄는 게 있었다.

'내 친구를 죽인 범인을 찾아 줘.'

친구를 죽인 범인? 살해 사건인가? 영재는 얼른 글을 열어 보았다.

> 난 해당 중학교 3학년 송민기야. 3일 전에 내 친구 강대식이 우리 동네의 한 아파트 옥상에서 죽은 지 일주일 만에 발견됐어. 대식이는 할아버지랑 둘이 사는 소년 가장이야. 힘들게 살다가 끔찍하게 죽은 내 친구, 강대식. 대식이가 하늘나라에서라도 편히 쉴 수 있게 범인을 잡아 줘. 부탁이야.

영재는 온몸에 전율이 느껴졌다. 소년 가장으로 어렵게 살았다는 강대식. 일주일 동안 죽은 채로 방치되어 있었다니, 영재는 끔찍하다는 생각이 들었다. 영재는 곧바로 다른 아이들을 불러 글을 보였다. 다른 아이들의 반응도 마찬가지였다. 그래서 글 밑에 적힌 휴대 전화로 전화를 해 보니, 정말 송민기가 받았다.

"정말? 정말 CSI야? 고맙다. 정말 고맙다."

다짜고짜 고맙다는 그에게 사건 내용에 대해 물으니, 학교로 직접 찾아와 말하겠다고 했다. 잠시 후, 정말 송민기가 아이들을 찾아왔다.

"죽은 지 일주일이나 지났으면 그동안 학교에도 안 나왔을 텐데 찾아보지 않았나요?"

제일 먼저 영재가 물었다.

"물론 찾아봤지. 9일 전, 학교에 갔는데 대식이가 안 왔어. 그래서 쉬는 시간에 전화를 했지. 그런데 안 받더라고. 가끔 학교에 빠지니까 또 어디 싸돌아다니나 보다 싶어 수업 끝나고 전화했는데 또 안 받더라고. 그래서 밤에도 전화하고, 계속 했는데 안 받는 거야. 이상하다 싶어 밤에 집으로 찾아가 보니까 전날 밤에 나가서 안 들어왔대."

"그러고 나서도 계속 연락이 안 됐었나요?"

"응. 전에도 답답하면 가끔 학교에 안 나왔거든. 그래서 며칠 바람이라도 쐬러 갔나 보다 했는데……. 흑흑흑."

"시신은 어떻게 발견됐나요?"

이번에는 요리가 물었다.

"아파트 경비원 아저씨가 옥상에 있는 물탱크를 청소하러 올라갔다가 발견했대. 그래서 그날 경찰이 학교로 조사하러 나왔는데, 그 다음엔 어떻게 되어 가는지 모르겠어. 궁금해서 담임 선생님께 여쭤 봤더니 선생님도 모르겠다고 하시더라고. 게다가 학교에서는 행여 이 사건이 다른 데로 퍼질까 봐 쉬쉬하고 있어. 큰 소리로 말도 못 꺼낸다니까."

아무래도 다른 사건도 아니고 살해 사건이니, 학교에서는 민감할 수밖에 없을 터. 행여 학생 중에 사건에 관련된 사람이 있을까 봐 전전긍긍하는 모양이었다.

"제발 좀 도와줘. 이러다가 범인도 못 잡고 그냥 끝날지도 몰라. 아니, 모두가 그랬으면 하고 바랄지도 모르지. 대식이 할아버지도 워낙 연세가 많으셔서 지금 상황을 잘 모르셔. 사실 대식이가 우리 학교 짱이었거든. 그러다 보니, 대식이에게 맞고 살았던 몇몇 아이들은 오히려 이제 살았다는 표정이야. 하지만 그래도 사람이 죽었는데, 범인은 잡아야 하는 거 아니니?"

강대식은 불우한 환경을 탓하며 삐뚤어진 행동을 많이 한 모양이었다. 학교 짱으로 몇몇 아이들을 주기적으로 괴롭히고 돈도 빼앗았다니, 분위기상 그의 죽음이 주변 사람들에게 상당히 불편한 상황이리라. 사건을 전해 들은 어 형사는 고개를 갸우뚱했다.

"일단 경찰에 넘겨진 사건이라 맘대로 가로챌 수는 없지 않겠어? 좀 기다려 보면 어떨까?"

그러자 이제껏 말 없이 듣고만 있던 달곰이가 조심스럽게 말했다.

"저희가 맡게 해 주시면 안 돼요?"

눈치 빠른 요리는 금세 달곰이의 마음을 알아차렸다. 강대식이 할아버지와 단둘이 사는 소년 가장이었다는 말에 동질감을 느낀 것이리라. 그 마음을 아는 요리는 어 형사에게 더 적극적으로 매달리기 시작했다.

"맞아요. 저희가 해결하고 싶어요, 어 형사님~."

그렇게 해서 결국 아이들은 해당 경찰서와 공동으로 사건을 맡았다. 지난해 팬 카페가 생기고 처음 맡은 '기포강 쇠백로 사건'을 해결한 후, 두 번째로 팬 카페를 통해 사건을 맡게 된 것이다.

강대식과 주변 인물

다음 날, 아이들은 수업이 끝나자마자 사건을 맡은 해당 경찰서로 향했다. 담당 형사는 차익환 형사. 아이들을 보자 반기는 얼굴이었다.

"와우, 너희가 바로 CSI구나! 반갑다, 반가워."

그동안 만난 많은 경찰들 중에는 어린 나이에 이름을 날리는 아이들을 아니꼽게 생각하는 사람도 있었다. 그러나 차 형사는 오히려 스타를 만난 듯 좋아하니, 그저 감사할 따름이었다. 게다가 공동 수사라면 팀워크가 중요할 터. 참 다행이다 싶었다.

"일단 자료부터 검토해 볼래?"

차 형사가 내민 자료를 검토하니, 부검 결과 사망 원인은 두개골 골절과 이로 인한 과다 출혈. 특히 코를 통한 출혈이 많았다. 머리 뒤에 묵직한 물건으로 세게 맞은 자국이 남아 있었다. 그 묵직한 물건은 현장에서 발견되지 않았으며, 무엇인지 아직 밝혀내지 못했다.

"아파트 출입구에 있는 CCTV 데이터도 조사했는데, 범행이 일

어난 날로 여겨지는 지난 5월 12일 저녁 6시 10분쯤 강대식이 아파트 현관으로 들어가는 모습이 찍혀 있더라고. 바로 이거야."

차 형사가 CCTV 데이터를 보여 주며 말했다.

"그래서 그날 오전부터 다음 날까지 출입한 모든 사람들을 알아봤는데, 거의 다 그 라인에 사는 사람들이나 과외 선생님, 배달원 정도고 별로 의심 가는 사람은 없었어."

이상한 일이다. 사망 원인으로 봐서 분명히 자살은 아니고, 그렇다면 범인이 있다는 말인데, 16층이나 되는 아파트 옥상까지 스파이더맨처럼 건물 벽을 타고 올라갔을 리도 없지 않은가. 그런데 어떻게 현관 CCTV에 안 찍힐 수 있을까.

아이들은 둘씩 나누어 사건 현장과 해당 중학교에 가 보기로 했다. 요리와 달곰이는 사건 현장인 해당동 노파라 아파트 309동으로 갔다. 형사라고 하자, 경비 아저씨는 탄식부터 늘어놓았다.

"어쩌다 이런 일이 우리 아파트에서 일어났는지. 아파트 값 떨어진다고 난리 났어, 난리."

사람이 죽었는데 아파트 값이 문제란 말인가! 둘은 황당했다.

"이 아파트가 오래되긴 했어도 이 동네에서 제일 비싸. 그런데 그런 끔찍한 사건이 일어났으니, 매몰차게 들릴지 모르지만 주민들은 그것부터 걱정하지. 괜히 발견한 나까지 죄인이 된 것 같다니까."

'학교에서는 행여 이 사건이 다른 데로 퍼질까 봐 쉬쉬하고 있어.'

요리와 달곰이는 송민기가 왜 그런 말을 했는지 이해가 되면서 사건 해결이 결코 쉽지 않을 것 같은 느낌이 들었다. 하지만 형사에게 사건 현장을 안 보여 줄 수는 없는 일. 경비 아저씨는 옥상 문을 열어 주었다.

"평소에도 이렇게 잠겨 있나요?"

"아니. 사건 나고 경찰에서 현장을 보존해야 한대서 잠근 거지. 보통 때야 뭐 여기까지 올라오는 사람이 있나? 나도 물탱크 청소할 때 인부들이랑 일 년에 두어 번이나 올라올까 말까 한데……."

그렇다면 사건이 일어난 날에도 옥상은 잠겨 있지 않았다는 말. 그러니 피해자 강대식도 쉽게 옥상으로 올라왔을 것이다. 그런데 이상하다. 강대식은 왜 하필 이 옥상으로 올라왔을까? 그리고 여기서 살해당했다는 것은 누군가와 여기서 만났다는 말인데.

그런 생각을 하며 시신이 발견된 곳으로 가 보니, 바로 커다란 물탱크 뒤쪽. 옥상 문쪽에서는 잘 안 보이는 위치였다. 떨어져 있는 핏자국을 관찰하던 달곰이가 말했다.

"핏자국이 흩어져 있지 않고 한자리에 있는 것으로 봐서 머리 뒤쪽을 맞고 쓰러진 후 그 자리에서 숨진 것 같아."

그사이 요리는 경찰 조사에서 미처 발견되지 않은 지문이나 발자국이 있는지 면밀히 살펴보았다. 그리고 물탱크에서 몇 개의 지문을 찾았다.

한편, 혜성이와 영재는 강대식이 다녔다는 해당 중학교로 갔다. 둘은 곧바로 교장실로 안내되었다. 교장은 매우 친절하게 둘을 맞았다.

"해당 경찰서 차 형사로부터 전화는 받았습니다. 아주 유명한 형사라고 하던데 만나서 반갑습니다."

아무리 경찰이라도 어린 학생들인데, 교장이 깍듯이 높임말까지 쓰니 혜성이와 영재는 몸 둘 바를 몰랐다. 인사를 마친 교장은 아주 고통스러운 표정을 지으며 말을 꺼냈다.

> **옥상에 물탱크를 설치하는 이유는?**
>
> 옥상에 물탱크를 설치하는 가장 큰 이유는 수압 때문이지. 수압이 낮으면 수도꼭지를 틀었을 때 물이 세게 안 나오기 때문에 불편하거든. 높은 옥상에 물을 저장하면 물은 아래로 흐르기 때문에 별도의 동력 없이도 물을 공급할 수 있는 거지. 높은 절벽에서 떨어지는 폭포수는 엄청난 힘으로 떨어지잖아? 그와 같은 원리야.

"우리 학교 학생에게 그런 끔찍한 사건이 일어나다니, 교장으로서 책임을 통감합니다. 착한 아이였는데 누가 그런 끔찍한 일을 저질렀는지……. 여하튼 이번 일은 조용히 마무리됐으면 합니다. 워낙 감수성이 예민한 나이라서 다른 학생들도 충격을 많이 받았습니다. 다른 불미스러운 일이 생기지 않도록 사전에 예방하는 차원이라고나 할까요."

그러니까 결국 범인이고 뭐고 조용히 마무리 짓자는 말씀? 하지만 그럴 수는 없는 일. 혜성이는 일부러 딴소리를 했다.

"그래서 하루 빨리 범인을 잡으려고 노력하고 있습니다. 교장 선생님께서 적극적으로 도와주셔야 할 것 같습니다. 부탁드립니다."

이런 걸 가지고 혹 떼러 갔다 혹 붙여 온다고 하지. 교장은 씁쓸한 표정을 지으며 대답했다.

"그, 그래야지요. 하하하."

교장실에서 나온 혜성이와 영재는 강대식의 담임을 만났다. 담임은 둘을 상담실로 데려갔다. 그러더니 가슴 아픈 표정으로 말했다.

"다 내 잘못이야. 내가 좀 더 신경을 써야 했는데……."

"먼저 강대식 학생에 대해 자세히 말씀해 주세요."

"알고 있겠지만 대식이가 집안 형편이 안 좋아서 방황을 많이 했어. 학교를 빠지는 날도 많았고, 하루가 멀다 하고 사건을 일으켰지. 워낙 사랑을 못 받고 가난해서 그렇지 심성이 그렇게 나쁜 애는 아니야."

"학교 짱이었다고 들었어요."

혜성이의 말에 담임은 고개를 끄덕이며 말했다.

"애들이 그렇게 부르더라고. 싸움을 잘하기는 했어. 소문에 옆 학교 짱이랑 붙어서 한 방에 때려눕혔다는 얘기도 있었지."

"혹시 특별히 원한 살 만한 사람은 없었어요?"

"글쎄……. 그걸 내가 몰랐던 게 문제였지. 나도 올해 이 학교에 처음 와서 처음 맡은 반이거든. 아직 두 달밖에 지나지 않아서 이제 막 아이들을 파악하고 있었어. 애들 말에 짱이라니까 그런가 보다 했지."

그렇다면 할 수 없다. 둘은 다시 송민기를 만나야겠다고 생각했다.

송민기의 증언

"두 명 정도라고 할 수 있어. 한 명은 바로 옆 학교 짱인 박찬이야.

지난달에 대식이랑 붙었다가 완전히 깨졌거든. 꼭 복수하고 말겠다고 단단히 벼른다는 소리를 들었는데, 대식이가 없어지고 혹시나 해서 찾아 봤더니, 걔도 학교에 안 나온다는 거야."

"그럼 또 한 명은요?"

영재가 물었다.

"대식이랑 같은 동네 사는 세 살 많은 형인데, 이돌만이라고. 중학교 중퇴하고 조직에 들어간 형 있거든. '나간다파'라고. 자기 조직에 들어오라고 대식이를 계속 쫓아다녔는데, 대식이가 싫다고 하니까 건방지다고 한번 걸리면 죽을 줄 알라고 했대."

"그럼 혹시 피해자가 유독 괴롭힌 친구는 없었나요?"

"문제를 자주 일으키긴 했지. 애들 패기도 하고 돈도 빼앗고. 아, 한 명 있다. 올해 같은 반 된 앤데, 유형석이라고. 학교 공식 왕따야."

"공식 왕따요?"

"응. 집은 좀 잘사는데, 워낙 굼뜨고 지질해서 힘 좀 쓴다는 애들은 한두 번씩 다 건드린 애야. 초등학교 때부터 왕따였다고 하더라고."

아이들은 이 세 명을 용의 선상에 올려놓고 수사를 진행하기로 했다.

먼저 영재와 달곰이가 박찬에 대해 조사를 하니, 일단 송민기의 말은 사실이었다. 박찬이 지난달에 강대식과 싸워서 진 후, 언젠가는 강대식에게 복수하겠다는 말을 떠벌리고 다녔다는 것이다.

게다가 3주 전부터 아예 학교도 안 나오고, 친구들하고도 연락이 끊긴 상태. 집으로 찾아가 보았으나, 한두 번 가출한 게 아니라 그런지 집에서도 내놓은 분위기였다. 박찬이 오토바이를 타고 자주 간다는 근거지를 찾았으나 그곳에서도 최근 그를 본 사람은 없었다.

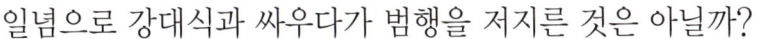

그렇다면 도대체 어디로 갔단 말인가. 그리고 왜 느닷없이 집을 나갔을까? 혹시 강대식에게 복수하겠다는 일념으로 강대식과 싸우다가 범행을 저지른 것은 아닐까?

영재와 달곰이는 CCTV 데이터를 다시 돌려 박찬이 사건 현장에 갔는지 살펴보았다. 그러나 없다. 어찌된 일인가! 할 수 없이 아이들은 어 형사에게 박찬의 소재 파악을 부탁했다. 어 형사는 전국 경찰서에 박찬의 사진을 보냈다.

한편 요리는 차 형사와 또 다른 용의자인 이돌만을 찾아 나섰다.

"나간다파? 하하, 걔들 아무것도 아니야. 그냥 어린 것들이 패싸움이나 하는 정도지. 아마 지금쯤 모여서 술이나 퍼마시고 있을걸."

요리가 차 형사를 따라 나간다파의 소굴을 찾아가니, 정말 동네 깡패로 보이는 몇몇이 모여 술을 마시고 있었다.

"돌만아!"

차 형사가 동생 부르듯 이름을 부르며 다가가자, 깜짝 놀라 허겁지겁 일어나는 사람들. 이돌만이 얼른 나서며 인사를 했다.

"아, 차 형사님 오셨어요?"

"그래. 내가 한 가지 물어볼 게 있어서 왔는데, 네가 강대식이 협박했냐? 나간다판가, 들어 온다판가 꼴 같지도 않은 파에 들어오라고."

이런! 아까 경찰서에서 본 모습과는 너무도 다른, 진짜 건달 같은 차 형사의 모습에 요리는 깜짝 놀랐다. 이 바닥에서 오랜 시간을 보낸 연륜 끝에 나오는 행동인지, 아니면 이게 그의 진짜 모습인지 헷갈렸다. 그런데 차 형사의 말이 끝나자마자 이돌만은 화들짝 놀라며 대답했다.

"아이고, 아니에요. 제가 왜요! 옛날 옛날에 아주 잠깐, 잠깐 그런 거죠. 걔가 싫다고 해서 그냥 뒀어요. 그리고 저 걔 본 지도 되게 오래됐어요. 정말이에요. 믿어 주세요."

"그래, 나야 널 믿지. 그런데 세상은 널 안 믿으니 이를 어쩌냐! 5월 12일 낮부터 13일 밤까지 뭐 했냐?"

"12일이랑 13일이요? 그, 그게……. 아, 그게……."

뭔가 확실한 알리바이를 대야 하는 건 아는데, 언뜻 생각이 나지 않는 듯 이돌만은 계속 머리를 쥐어뜯었다. 그러자 바로 옆에 있던 남자가 얼른 끼어들며 말했다.

"돌만아, 너 그때 부산 갔다 왔잖아. 할아버지 돌아가셔서."

"아, 맞다. 그렇지! 12일 새벽에 할아버지가 돌아가셔서 부모님이랑 부산 갔다가 장례 끝나고 15일에 올라왔어요."

그렇다면 알리바이가 확실하다. 이돌만은 아니라는 말인가!

"껄렁껄렁해도 누굴 죽일 녀석은 아니야. 가정 형편도 안 좋고 공부에도 취미가 없으니 그냥 저러고 다니는 거지."

돌아오는 길에 차 형사는 또다시 아까와는 전혀 다른, 처음 봤을 때의 모습으로 말했다.

"이 바닥에서 오래 있다 보면 감이라는 게 좀 생기거든."

요리는 차 형사의 말에 믿음이 갔다. 굵직굵직한 사건을 척척 해결하며 이름을 날리는 형사들도 있는 반면에, 이렇게 일선에서 주민들과 같이 웃고 울고 그들을 보듬어 가며 묵묵히 일하는 형사들이 있다는 사실에 요리는 가슴이 뭉클해지는 것을 느꼈다.

한편, 혜성이는 유형석에 대해 알아보았다. 그런데 아파서 2주째 학교에 나오지 않았다고 한다. 또, 유형석의 집이 노파라 아파트 309동이라는 것이 아닌가! 순간, 혜성이의 머릿속에 무언가 번쩍 떠올랐다.

'유형석이 범인이라면? 그럼 CCTV에 찍혀도 전혀 의심받지 않잖아!'

혜성이는 얼른 유형석의 집으로 갔는데, 도우미 아주머니만 있었다.

집 안이 꽤 으리으리한 것이 부잣집으로 보였다. 그중에서도 유독 혜성이의 눈을 잡아끄는 것이 있었으니, 거실 전면을 장식하는 수석들. 혜성이도 수석이라면 좀 볼 줄 아는데, 언뜻 보기에도 꽤 값나가는 것들이 많았다. 수사 중이 아니라면 찬찬히 감상하고 싶은 충동이 들 정도였다. 하지만 지금이 어느 땐데, 한가하게 수석 구경이나 하고 있으랴!

"갑자기 학교에 가기 싫다며 안 가더라고. 그러고는 나보고 아파서 병원에 입원했다고 전화를 해 달라는 거야. 아무리 달래도 막무가내라서 할 수 없이 그렇게 해 줬지."

"그럼 그때부터 아팠던 게 아니었나요?"

"처음부터 아프진 않았어. 그냥 학교에 그렇게 얘기한 거지. 그러더니, 3일쯤 지났나? 갑자기 방문을 꼭 걸어 잠그고는 틀어박혀서 안

나오는 거야. 문 열라고 해도 안 열고, 밥 먹으라고 해도 안 먹고. 그런 지 이삼 일 지났는데, 밤에 자는데 신음 소리가 들리더라고. 가 보니까 이마가 불덩어리인 거야. 그래서 구급차를 불러서 병원으로 옮겼지."

도우미 아주머니의 말로는 그때 유형석의 부모님은 사업상 각자 다른 나라로 출장 중이었다고 한다. 혜성이는 유형석이 입원한 병원을 찾아갔다. 경찰임을 밝히고 사건에 대해 간단히 설명하자, 유형석의 엄마는 노골적으로 기분 나쁜 티를 내며 말했다.

"그래서 우리 형석이가 대식인가 누군가를 죽이기라도 했단 말이야?"

"일단 지금은 주변 인물들을 다 조사하는 거예요. 강대식이 아드님을 많이 괴롭혔다는 얘기가 있던데, 혹시 알고 계셨나요?"

"그래? 휴! 중학교 올라와서는 괜찮은지 알았더니만……. 여하튼 그건 잘 모르겠고, 몇몇 애들이 우리가 좀 잘사니까 형석이를 괜히 따돌리더라고, 초등학교 때부터. 그래서 난 신경도 쓰지 말라고 했지."

바로 그때, 휴대 전화가 요란하게 울리자 유형석의 엄마는 벌떡 일어나며 전화를 받았다. 그러고는 뭔가 일이 잘 안 풀리는지 한참을 전화로 일을 지시했다. 그러더니 전화를 끊자마자 한숨을 쉬며 말했다.

"휴! 내가 지금 여기 이러고 있을 때가 아닌데……. 참, 어디까지 얘기했지? 더 물어볼 거 있니?"

언제나 바쁜 엄마. 혜성이는 자신의 엄마가 생각났다.

 이 정도는 아니었지만, 어렸을 때 학교가 끝나고 집에 가면 언제나 도우미 아주머니밖에 없었다. 엄마는 자신이 잠이 든 뒤 밤늦게나 나타나 잠든 모습을 지켜보고 나갔다. 그렇게 혜성이는 많이 외롭게 자랐고, 그래서인지 까칠하고 다른 사람에게 쉽게 마음을 열지 못했다.
 그러나 어린이 형사 학교에 입학하여 다른 아이들과 부대끼면서 점차 성격이 따뜻하고 밝게 바뀌었으니, 얼마나 다행스런 일인가. 그나마 혜성이는 워낙 잘생긴 데다가 똑똑해 언제 어디서나 인기 절정이었다. 그런데 유형석은 공식 왕따였다니, 얼마나 괴로웠을까!
 "여하튼 우리 형석이는 이 일과 절대 연관시키지 않았으면 좋겠어."
 그러더니 휙 가 버리는 유형석의 엄마. 찬바람이 쌩쌩 불었다. 하지만 여기서 포기할 혜성이가 아니지. 혜성이는 간호사와 의사에게 유형석의 증상에 대해 물었다.

유형석이 입원한 것은 일주일 전. 40℃ 가까이 되는 고열로 입원했는데, 당시 입원 기록으로는 그런 증상이 나타난 지 이미 3일이 넘었다고 한다. 아직도 계속 열이 오르내리며 헛소리를 해서 의사는 신체적인 병이 아닌 상당한 정신적 충격 때문이라고 생각했다. 그래서 정신과 치료를 권유했는데, 유형석의 엄마는 말도 안 된다며 반대했다는 것이다.

'정신적 충격이라?'

그리고 일주일 전에 입원했고 그 3일 전부터 고열이 계속됐다면, 사건이 일어난 날과 얼추 맞아떨어진다. 그렇다면 혹시 유형석이 범인?

증거를 찾아라!

"박찬이 어디 있는지 알아냈어."
아이들이 학교로 돌아오자, 어 형사가 말했다. 이런 반가운 일이.
"내 참, 황당해서. 절에 있더라고. 강원도 상문사라는 작은 절에."
이런 황당한 경우가! 갑자기 절에는 왜?
"무술을 배운다나 뭐라나. 아마 강대식한테 진 게 꽤 충격이었나 봐. 복수한다고 이를 갈았다더니, 무술 배운다며 절까지 들어가고."
"어떻게 찾았어요?"

궁금한 요리가 물었다.

"절에 다니는 경찰관이 한 명 있었는데, 지난 주말 상문사에 갔다가 박찬을 봤나 봐. 가서 확인해 봤더니, 맞다고 연락이 왔어."

상문사 주지 스님의 말에 따르면, 박찬이 절에 온 것은 3주 전. 그사이 산 밑으로 내려가지 않았다니, 박찬은 용의 선상에서 제외된다.

"그리고 또 한 가지. 지난번에 물탱크에서 채취한 지문 검식 결과, 그중 한 개는 피해자인 강대식 거였고, 또 한 개는 범인의 것 같은데, 누군지 알 수가 없어. 지문 대조 시스템으로 조회해 봐도 안 나오는 것이 아직 주민 등록증을 만들지 않은 미성년자임이 분명해."

그렇다면 유형석, 현재로선 그가 가장 유력한 용의자이다. 이제 그가 범인이라는 확실한 증거를 찾아야 한다. 달곰이가 말했다.

"그런데 아무리 생각해도 무엇으로 범행을 했는지 모르겠어. 한 번 쳐서 두개골이 그 정도로 골절되려면 꽤 단단한 것일 텐데 말이야."

"단단한 거라……. 뭐가 있을까?"

영재가 생각하듯 말하는데, 바로 그 순간 혜성이의 기억에 번쩍 떠오른 장면이 있었다. 바로 유형석의 집 마루에 있던 수석.

"혹시 돌 아니었을까? 수석 같은 거."

혜성이가 낮에 유형석의 집에서 본 수석에 대해 이야기하자, 아이들은 갑자기 소름이 쫙 끼치는 것을 느꼈다.

"좋아. 내일 유형석의 집에 다시 가 보자. 수석을 살펴봐야겠어."

"사건 현장에도 다시 가 보자. 돌가루가 떨어져 있을지도 모르니까."

다음 날, 날이 밝자마자 아이들은 사건 현장으로 갔다. 여기저기 샅샅이 살피고 있는데, 달곰이가 뭔가 발견한 듯 소리를 질렀다.

"이것 봐. 찾았어. 깨진 돌 조각이야. 물탱크 밑에 들어가 있었어."

> **마그마와 용암의 차이는?**
>
> '마그마란 지구 내부에서 만들어지는 아주 뜨거운 죽과 같은 상태의 물질이야. 마그마의 온도는 650~1300℃야. 산소, 규소, 알루미늄, 철 등이 들어 있지. 또, 마그마에는 수증기와 이산화탄소 등의 기체도 녹아 있지. 마그마가 지표로 뿜어져 나와 흘러내리는 것을 '용암'이라고 해. 이때 마그마에 녹아 있던 여러 가지 기체는 빠져나가거나 그 안에 기포를 만들지.

그런데 돌 조각을 보자마자 혜성이가 놀라며 말했다.

"이건 편마암인데."

"편마암?"

"응. 암석은 만들어지는 원인에 따라 크게 세 가지 종류로 나뉘어. 퇴적암, 화성암, 변성암. 퇴적암은 진흙, 모래, 자갈 등이 쌓이고 굳어져 만들어진 암석이고, 화성암은 마그마가 땅속 깊은 곳에서 식어 굳어지거나 용암이 빠르게 식어서 굳어진 암석이지."

"그럼 변성암은?"

영재가 물었다.

"변성암은 퇴적암이나 화성암이 지구 내부에서 높은 열과 압력을 받아 성질이 바뀌어서 만들어진 거야. 이 편마암은 화강암이 변성되어 만들어졌고. 여기 줄무늬가 있지? 이런 암석의 구조를 '편리'라고 해.

화강암에 들어 있던 광물이 열과 압력을 받아 나란히 늘어서면서 만들어진 거야."

정말 돌 조각에는 검은 매직으로 줄을 그어 놓은 듯 줄무늬가 있었다.

"유형석 집에 있는 수석 중에 이것과 같은 돌이 있는지 찾아보자."

아이들은 곧바로 유형석의 집으로 내려갔다. 그리고 사건 현장에서 발견한 돌 조각과 같은 색과 무늬를 한 수석을 하나 찾아냈다.

"이거다!"

호랑이가 앉아 있는 모양을 한 수석이었다. 혜성이는 조심스레 수석을 꺼내 살펴보았다. 있다. 깨진 자국이 있다. 호랑이 엉덩이 쪽 부위. 혜성이는 돌 조각을 살며시 갖다 대었다. 떨어져 나간 작은 부스러기가 있어 살짝 틈이 있기는 하지만 거의 들어맞았다.

"그런데 핏자국이 하나도 없네. 그렇다면 돌을 씻었다는 얘긴가……. 그래. 돌이랑 화장실이랑 싱크대, 루미놀 검사를 해 보자."

아이들은 곧바로 루미놀 검사를 했다. 그러자 돌과 화장실 세면대에서 루미놀 반응이 나타났다. 그 다음 유형석의 지문을 채취해 먼저 물탱크에서 채취한 지문과 비교해 보니 똑같았다. 범인은 유형석이었다.

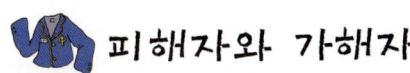 피해자와 가해자

"내가 그랬어. 내가 대식이를 죽였어, 흑흑흑."

유형석은 목 놓아 울며 범행 일체를 자백했다.

"난 언제나 왕따였어. 아무도 나를 사람 취급해 주지 않았지. 내가 얼마나 괴로운지 아무도 들어 주지 않았어. 그래도 중학교 와서는 살 만했는데, 3학년이 되면서 대식이랑 같은 반이 되니까 하루하루가 정말 지옥 같았어. 대식이는 매일 나를 괴롭혔어. 돈 가져오라고 때리고, 그래서 갖다 주면 부잣집 도련님이라 좋겠다고 때리고……. 흑흑흑."

유형석은 그동안의 서러움이 복받쳐 오르는지 한동안 말을 잇지 못하며 흐느껴 울었다.

"그래서 학교를 안 가겠다고 결심했지. 마침 부모님이 장기 출장을 가셔서 잘됐다 싶었어. 그런데 이틀인가 지나서 대식이가 전화를 한 거야. 돈 가지고 옥상으로 올라오라고. 순간, 난 앞으로도 영원히 대식이한테서 벗어날 수 없을 것 같은 생각이 들었어. 평생 이렇게 그 녀석한테 당하면서 살아야 한다고 생각하니, 죽고 싶었어. 하지만 너무 억울했지. 나 혼자 죽을 수는 없다. 그 녀석을 죽이고 나도 죽자는 생각이 든 거야. 정말 내가 미쳤나 봐."

그래서 아버지의 수석을 하나 숨겨서 옥상으로 올라간 유형석은 곧바로 달려들고 말았던 것이다. 강대식은 물탱크 뒤쪽에 앉아 있어서 유형석이 다가오는 것을 보지 못했다.

"대식이가 픽 쓰러지더니, 움직이지 않았어. 그렇게 쉽게 죽을 줄은 정말 몰랐어. 너무 무서워서 나도 죽으려고 했는데……. 바보같이 죽지도 못하고, 흑흑흑."

그러자 이제껏 듣고만 있던 유형석의 엄마가 울부짖기 시작했다.

"미안하다, 형석아. 엄마가 잘못했어. 일밖에 모르고 네가 어떤 상황인지, 얼마나 괴로운지 몰랐어. 엄마가 잘못했어."

그러자 유형석은 자신의 엄마를 매몰차게 밀치며 말했다.

"너무 늦었어요."

유형석은 정신 감정 결과, 아직 초기 단계이긴 하지만 정신 분열 증상을 보이는 것으로 나타났다. 원인은 바로 오랜 시간 겪은 집단 따돌림과 자신이 저지른 살해 사건.

아이들은 너무 마음이 아팠다. 불우한 환경이 억울해 다른 사람을 괴롭히는 것으로 이를 보상받으려 했던 강대식. 부자였지만 누구한테도 인정받지 못하고 사랑받지 못했던 왕따, 유형석. 누가 피해자이고, 또 누가 가해자인지. 아직은 보호받고 사랑받아야 할 어린 학생들인데 말이다.

 혜성이가 들려주는
사건 해결의 열쇠

팬 카페를 통해 맡게 된 강대식 살해 사건. 사건 용의자인 유형석이 범인이었음을 밝혀낸 사건 해결의 열쇠는 바로 '암석'에 대해서 잘 아는 것이야.

💡 암석의 생성

우리 주변 어디에서나 볼 수 있는 돌, 즉 암석은 어떻게 만들어졌을까? 돌의 모양이나 색깔을 보면 다 비슷비슷한 것 같지만 다 저마다의 역사를 가지고 있지. 돌이 만들어지는 과정은 크게 세 가지로 나뉘어.

① 암석이 비나 바람 등에 의해 부스러진다.

② 부스러진 퇴적물이 물과 바람 등에 의해 옮겨져 물 밑에 쌓인다.

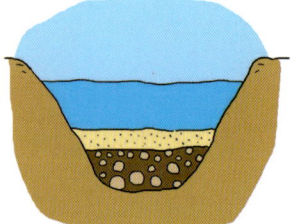

③ 퇴적물이 물 밑에 쌓여 지층이 만들어진다.

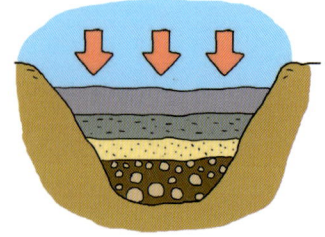

④ 지층이 눌려 단단해진 다음, 지표 위로 드러난다.

〈퇴적암이 만들어지는 과정〉

첫 번째는 오랜 시간 동안 자갈, 모래, 진흙 등이 쌓이고 쌓여서 단단해지는 거야. 이렇게 만들어진 암석을 '퇴적암'이라고 하는데, 알갱이의 크기에 따라 크게 역암, 사암, 이암 등으로 나뉘지. 큰 자갈이 많이 섞여 굳어진 것은 '역암', 크기가 중간인 모래 알갱이들이 굳어진 것은 '사암', 크기가 작은 진흙 알갱이들이 굳어진 것을 '이암'이라고 해.

두 번째는 지구 내부의 마그마와 그것이 지표의 약한 곳을 뚫고 나오면서 기체가 빠져나간 용암이 식어서 굳어지는 거야. 이렇게 만들어진 암석을 '화성암'이라고 해. 화성암에는 크게 두 종류가 있어. 마그마가 땅속 깊은 곳에서 서서히 식어 굳어진 암석을 '심성암'이라고 하는데, 화강암이 대표적인 심성암이야. 또, 용암이 지표에서 빠르게 식어서 굳어진 암석을 '화산암'이라고 하는데, 제주도에서 쉽게 볼 수 있는 현무암이 대표적인 화산암이지.

〈화성암이 만들어지는 과정〉

그럼 세 번째는 무엇일까? 퇴적암이나 화성암이 높은 열과 압력을 받으면 모양과 성질이 변하는데, 이를 '변성 작용'이라고 해. 그리고 변성 작용으로 만들어진 암석을 '변성암'이라고 하지.

모래로 이루어진 사암은 표면이 거칠지만, 사암이

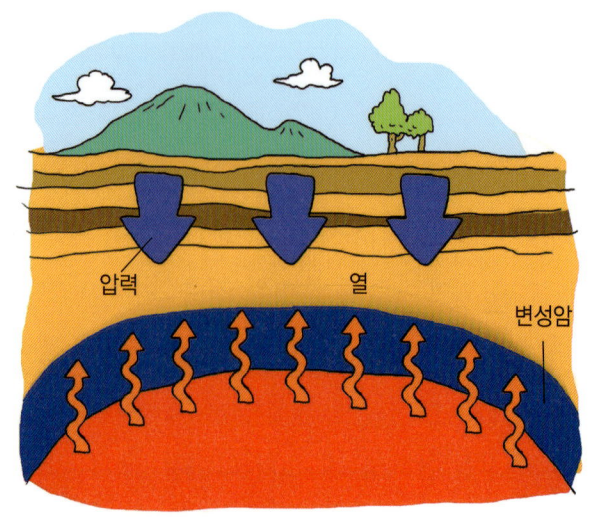

〈변성암의 형성〉

변성 작용에 의해 만들어진 규암은 표면이 매끌매끌해. 또, 석회암이 변해서 만들어진 대리암은 석회암보다 알갱이가 더 커. 그리고 화강암이 변해서 만들어진 편마암은 줄무늬가 없는 화강암에 비해 줄무늬가 뚜렷하지.

💡 암석의 순환

암석은 한번 만들어진 다음에도 오랜 시간에 걸쳐 서서히 다른 종류의 암석으로 바뀌어. 이를 암석이 돌고 돈다고 해서 '암석의 순환'이라고 해.

퇴적암이나 화성암은 열이나 압력을 받으면 변성암으로 바뀌어. 또, 변성암도 퇴적암이나 화성암으로 바뀔 수 있어.

땅 위에는 화성암, 퇴적암, 변성암 등의 암석들이 종류를 가리지 않고 드러나 있어. 이 암석들은 오랜 기간 비바람에 깎여 잘게 부서진 다음, 물이나 바람에 의해 운반되어 쌓이지. 이렇게 쌓인 퇴적물이 단단하게 굳어지면 퇴적암이 되는 거야.

또, 땅속 깊은 곳에 있거나 지각 변동에 의해 땅속으로 들어간 암석은 열과 압력을 받아 변성암이 되기도 하고, 이보다 더 높은 열을 받으면 녹아서 마그마가 되기도 해. 그리고 그 마그마가 다시 땅속이나 지표 밖에서 굳어지면 화성암이 되지.

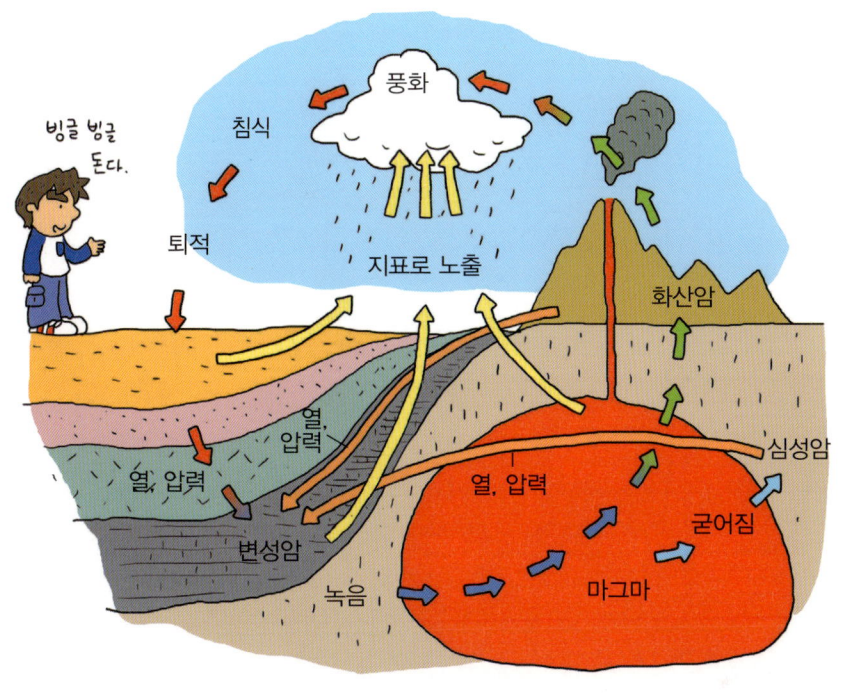

〈암석의 순환〉

그러니까 생각해 봐. 피해자의 머리에는 단단한 것으로 맞은 자국이 남아 있었지. 그래서 수사를 하다가 한 용의자의 집에서 수석을 발견하고, 혹시 범행에 쓰인 것이 돌이 아니었을까 생각했지. 결국 사건 현장에서 줄무늬가 뚜렷한 편마암 조각을 찾아내고 그것과 똑같은 편마암 수석을 찾아냄으로써 사건을 해결한 거야. 어때, 이젠 알겠지?

■ 핵심 과학 원리 – 식물의 쓰임

사건 4

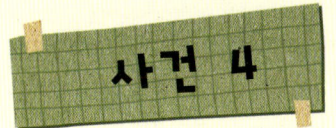

사망 원인은 질식

그런데 의사의 말로는 할아버지의 사망 원인이 지병인 뇌출혈이 아니라 독극물에 의한 질식이라고 했다.

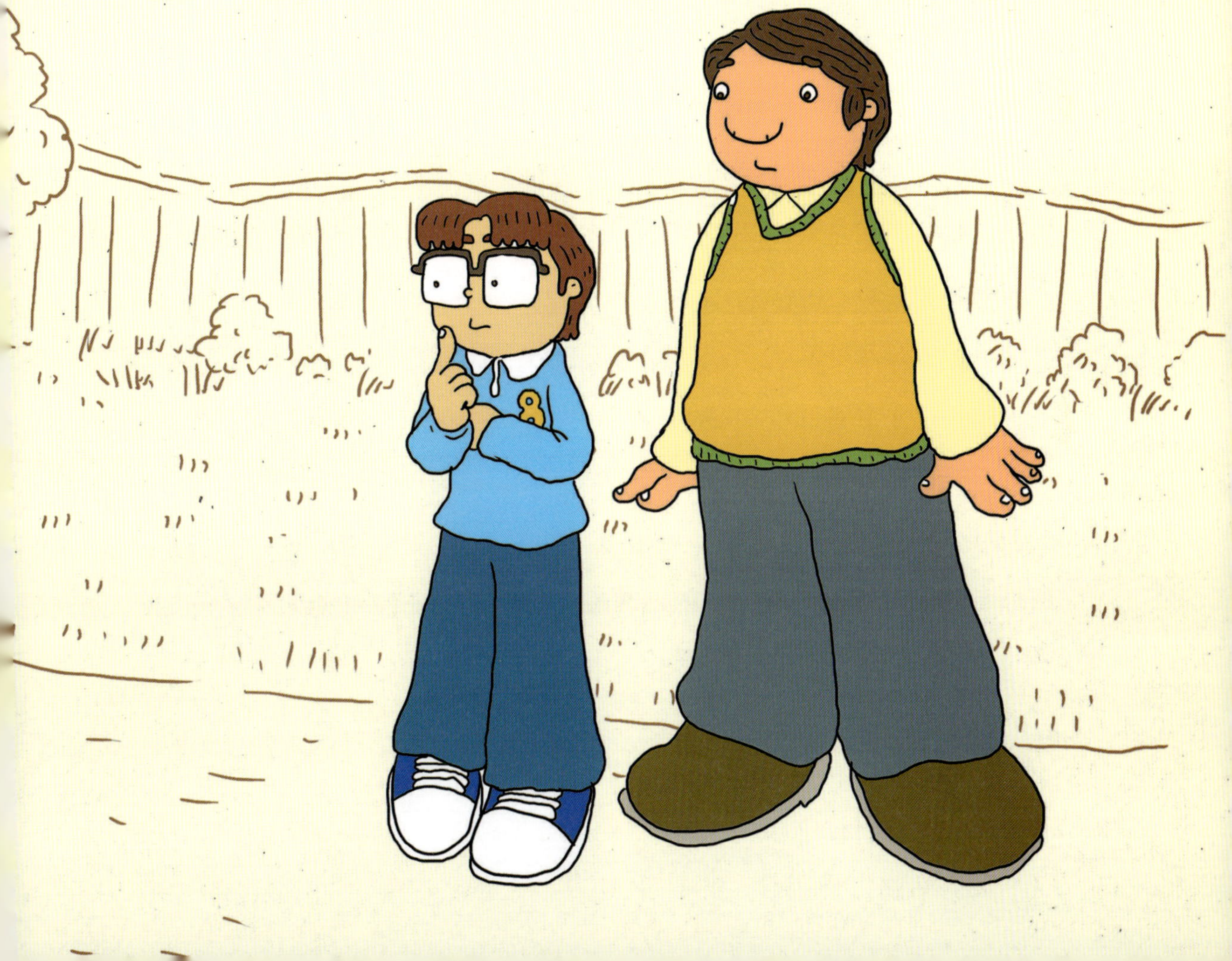

황수리의 부탁

"선배님, 영재 선배님!"

조용한 도서관. 한참 공부에 빠져 있던 영재는 누군가 어깨를 치며 부르는 소리에 깜짝 놀라 뒤를 돌아보았다.

"깜짝이야! 뭐야?"

그러자 얼굴이 홍당무같이 빨개져서 영재보다 더 놀란 표정으로 대답하는 수리.

"죄, 죄송해요. 여러 번 불렀는데 못 들으셔서……."

"그, 그랬어? 그런데 왜?"

"저……. 부탁드릴 게 있어서요."

성격이 워낙 소극적인 수리. 입학 전 영재와 오리엔테이션을 할 때에도 질문은커녕 말조차 먼저 건넨 적이 없는 수리가 갑자기 부탁이라니! 영재는 조금 당황스러웠다. 그래서 저도 모르게 퉁명스럽게 물었다.

"부탁? 무슨 부탁?"

그러자 둘의 분위기가 어색했는지 바로 옆 책상에서 공부하던 요리가 끼어들었다.

"부탁? 뭔데? 걱정하지 말고 말해 봐."

요리의 말에 용기를 얻었는지 수리가 조심스럽게 말을 꺼냈다.

"제 이모가 누명을 썼어요. 좀 도와주세요."

"누명? 무슨 누명?"

누명이라는 말에 영재가 화들짝 놀라며 다시 물었다. 그러자 수리는 차근차근 이야기를 시작했다.

"저희 이모가 간병인 일을 하시거든요. 6개월 전에 어느 할아버지 댁에 간병인으로 들어가셨는데요, 그 할아버지가 어제 갑자기 돌아가셨대요. 그런데……."

이런, 말을 하다 말고 갑자기 수리의 눈에 그렁그렁 눈물이 맺혔다. 요리가 얼른 수리의 어깨를 따뜻하게 안아 주었다. 그러자 수리는 다시 말을 이었다.

"그 집 사람들이 이모가 할아버지를 죽였다고 경찰에 신고하겠대요."

수리의 말에 따르면, 수리 이모인 김숙자가 간병했던 할아버지는 6개월 전 뇌출혈로 쓰러져 거동이 불편한 분이었는데, 오늘 아침에 숨진 채로 발견되었다. 그런데 의사의 말로는 할아버지의 사망 원인이 지병인 뇌출혈이 아니라 독극물에 의한 질식이라고 했다. 그때 집에는 할아버지와 수리 이모밖에 없었기에, 유족들은 수리 이모가 할아버지의 재산을 노리고 할아버지를 독살했다고 주장하고 나선 것이다.

> **뇌출혈이란?**
>
> 뇌에는 산소와 영양분을 공급하는 혈관인 뇌동맥이 있어. 그런데 영양 부족이나 고혈압이 오래되면 뇌동맥 안쪽 벽의 일부가 떨어져 나오면서 틈이 생기고, 그 속으로 단백질을 녹이는 효소가 스며들면서 혈관 벽이 점점 약해지지. 그리고 약해진 부분이 계속 압력을 받으면 부풀어 올라 좁쌀 같은 혹이 많이 생기는데, 그중 일부가 터지는 것이 뇌출혈이야. 뇌출혈이 일어나면 심한 두통, 반신 마비, 언어 장애 등이 발생하며 심한 경우에는 사망에 이르기도 해.

"선배님들이 도와주세요. 우리 이모, 절대 그럴 분 아니에요. 오래전에 이모부가 돌아가시고 오빠들 키우느라 고생 많이 하셨지만, 그 어려운 중에도 남들 도와 가며 사셨어요. 제발 누명 좀 벗겨 주세요."

그러면서 수리가 굵은 눈물을 뚝뚝 흘리니, 요리도 안쓰러운 마음에 금세 눈물이 맺혔다.

"그래, 걱정 마. 우리가 알아볼게."

그러자 영재도 수리를 위로했다.

"그래, 그러니까 이제 그만 울어. 잘될 거야."

요리와 영재는 곧바로 혜성이와 달곰이를 불렀다. 그러고는 어 형사에게 부탁해 함께 할아버지의 시신과 유족들이 있다는 병원으로 갔다.

"어린이 형사 학교 어수선입니다. 어쩌다 이런 일을 당하셨는지……."

어 형사가 유족들에게 제법 격식을 갖추어 인사를 건넸다. 그리고 사건에 대해 묻자 할아버지의 아들이 격앙된 말투로 말을 시작했다.

"허 참, 그동안 살인자에게 아버지를 맡기고 있었다니, 기가 막혀서."

"일단 마음을 좀 가라앉히시고 사건 경위에 대해 좀 더 자세히 말씀해 주시죠."

"우리 아버지가 6개월 전에 뇌출혈로 쓰러지셨습니다. 몸의 오른쪽이 마비되는 바람에 움직이기가 많이 불편하셨어요. 휠체어를 타고 집 안에서나 왔다 갔다 하실 정도였죠. 그런데 저나 제 여동생이나 워낙 바쁘다 보니 제대로 돌봐 드릴 수 없었어요. 저희 집에 모시려 해도 싫다고 하시고. 그래서 간병인을 들였죠. 솔직히 이제껏 아주머니가 아주 잘해 주셨습니다. 아버지도 아주 만족해 하셨고요. 그런데 오늘 아침, 아주머니가 전화를 했어요. 아버지가 갑자기 돌아가셨다고."

그러자 옆에 있던 할아버지의 딸이 기막히다는 듯 말을 이었다.

"처음엔 뇌출혈이 재발해 쓰러지신 줄 알았어요. 그런데 병원으로 모셔와 보니, 의사 말이 사망 원인이 뇌출혈이 아니라는 거예요. 허 참, 기가 막혀서. 혀와 목이 잔뜩 부어 있고 침을 많이 흘린 것으로 봐서 분명히 독극물에 의한 질식사라는 거예요."

아들이 다시 말을 이었다.

"그러니 누가 그랬겠습니까? 강도가 들어왔던 것도 아니고, 집에 있던 사람이라고는 아버지랑 간병인 아주머니뿐이었는데. 당연히 아주머니가 범인 아니겠습니까?"

그러자 어 형사가 굳은 표정으로 되물었다.

"하지만 그것만 가지고는 범인이라고 단정지을 수 없습니다. 혹시 김숙자 씨가 범인이라고 의심 갈 만한 다른 점이 또 있습니까?"

그러자 딸이 조금 망설이듯 말을 꺼냈다.

"저, 그게……. 며칠 전 아버지가 갑자기 유서를 고치겠다고 하셨어요. 그래서 설마 했는데, 변호사 말로 아버지가 돌아가시기 이틀 전에 진짜 유서를 고치셨다는 거예요."

"유서를요?"

"네. 그것도 그때 말씀하신 내용과도 전혀 다르게, 정말 말도 안 되게 고쳐져 있더라고요."

처음 유서는 재산을 아들과 딸에게 반반씩 나누어 주도록 되어 있었다고 한다. 그러나 사망하기 3일 전, 할아버지는 재산의 반은 아들딸에게 반반씩, 나머지 반은 사회에 환원하겠다고 말했다는 것. 딸이 말을 이었다.

"갑자기 반이나 사회에 환원하겠다는 게 이상했지만, 설마 했죠. 그런데 이틀 전에 고쳤다는 유서를 오늘 보니, 반도 아니고 전부라잖아요. 게다가 3억 원이라는 큰돈을 아주머니한테 남긴 거예요. 이게 말이 됩니까? 자식들에게는 한 푼도 안 주고 남한테 다 퍼 준다는 게!"

그때 아들이 부아가 치밀었는지 이러지도 저러지도 못하고 한쪽에 웅크리고 앉아 있는 수리 이모를 가리키며 버럭버럭 화를 내기 시작했다.

"그러니 이건 분명, 저 아주머니, 저 아주머니가 다 꾸며서 벌인 일이라고요. 아버지를 협박해서 유서를 고치게 하고, 독극물로 돌아가시게 한 거라고요."

수리 이모는 얼굴이 빨개지며 눈에 그렁그렁 눈물이 맺혔다. 그러고는 뭔가 말하려는 듯하더니 이내 한숨을 쉬며 말없이 눈물만 닦았다. 유족들이 혹시 도망갈지도 모른다며 아침부터 수리 이모를 꼼짝도 못하게 붙잡아 둔 상황. 물론 아직은 아무런 물증이 없어서 유족들도 어쩔 수 없기는 하지만 그동안 모진 말로 수리 이모를 꽤 괴롭힌 것으로 보였다.

"진정하시고요. 이런다고 해결될 일은 아니지 않습니까? 아직 김숙자 씨가 범인이라는 증거도 없는데······."

어 형사가 말리고 나서자, 아들은 더 노발대발하며 소리를 질렀다.

"증거가 없다니요. 그게 증거지. 확실한 증거지. 뭐가 더 필요해요!"

그때였다.

"그럼 확실한 사망 원인을 찾는 게 급선무일 것 같군요. 부검을 해 보시는 건 어떨지요?"

사망 원인은 질식

맞다! 박 교장이다. 어 형사의 보고를 받고 혹시나 하는 마음에 뒤따라 와 준 것이다. 박 교장은 유족들을 설득하기 시작했다.

"이틀만 시간을 주시지요. 우리 학생의 이모님이 관련되어 있으니, 저희도 가만히 있을 수는 없습니다. 만약 이모님이 범인이 아닐 경우도 생각하셔야 되지 않겠습니까? 그러니 일단 저희가 수사해 보고, 그래도 미심쩍으면 그때 가서 경찰에 신고하십시오."

유족들은 박 교장의 제안을 받아들였다. 하기야 심증만 믿고 무조건 범인이라고 우길 수는 없는 일. 괜히 경찰에 신고했다가 혐의가 없으면 도리어 '명예 훼손죄'로 고발당할 수도 있다는 계산이 섰으리라.

여하튼 그렇게 해서 CSI에게 주어진 시간은 단 이틀. 이틀 안에 사건의 진상을 밝혀야 한다. 수리 이모가 무죄인지 아닌지.

나갑부 할아버지

일단 요리와 달콤이는 유족들과 변호사를 통해 할아버지에 대해 자세히 알아보기로 했다.

할아버지의 이름은 나갑부. 나이는 81세. 6개월 전 뇌출혈로 쓰러진 후 몸의 오른쪽 전체가 마비되면서 집에만 있었다고 한다. 그동안 사업과 부동산으로 100억 원이 넘는 재산을 모은 갑부 할아버지. 슬하에는 위로 아들, 아래로 딸. 둘 다 결혼하여 할아버지와 따로 살았다고 한다.

요리와 달곰이는 병원에서 나와 곧바로 할아버지의 변호사를 만나러 갔다. 그리고 어떻게 유서를 고치게 되었는지 물었다.

"돌아가시기 이틀 전이지. 아침에 나 회장님이 전화를 하셨더라고. 이전에 작성해 놓은 유서를 가지고 들어오라고 하셨어. 그래서 갔지. 그랬더니, 유서를 고치겠다고 하시는 거야. 사실 이전 유서를 작성한 지는 벌써 10년이 다 되어 가거든. 6개월 전 쓰러지셨을 때에도 유서를 그대로 두시다가, 갑자기 고치겠다고 하시니 좀 이상하더라고. 그래서 이유가 뭐냐고 물었더니, 그냥 말하고 싶지 않다고 하시면서 부르는 대로 바꾸라고 하셨어. 그래서 그렇게 고쳤지."

"이전 유서랑 새로 작성한 유서 좀 볼 수 있을까요?"

"이전 유서는 회장님 보는 앞에서 찢어 버렸지. 새 유서는 이거야."

유서의 내용을 살펴보니, 유족들이 말한 내용이 맞았다.

> 전 재산 중 3억 원을 간병인인 김숙자에게 남기고, 남은 돈은 전부 사회에 환원하겠다. 그 돈으로 갈 곳 없는 불쌍한 노인들을 위한 요양 시설을 만들어 줬으면 한다.

왜 할아버지는 아들딸에게 남기려고 했던 유산을 전부 사회에 환원하겠다고 갑자기 마음을 바꾸었을까? 그리고 아들딸의 주장대로 왜 간병인에 지나지 않는 수리 이모에게 3억 원이라는 큰돈을 남겼을까?

"혹시 그날 이상한 느낌은 없으셨나요? 할아버지가 누구의 강요에 의해 유서를 고치시는 것 같은 그런 느낌이요."

요리가 조심스레 묻자, 변호사는 금방 질문의 의도를 알아차렸다.

"왜? 김숙자 씨가 시킨 거 아니냐고? 하지만 내가 이상하다고 느낄 만한 점은 없었어. 그날도 갔더니 아주머니가 문을 열어 주었어. 기다리고 계신다면서 방으로 안내하기에 들어갔지. 회장님은 휠체어에 앉아 계셨고, 이것저것 안부 여쭙고 있는데 아주머니가 차를 내오더라고. 그리고 회장님이 아주머니에게 부를 때까지 들어오지 말라고 말씀하시는 거야. 그래서 뭔가 중요한 말씀을 하시려나 보다 했지."

변호사 사무실에서 나오며 요리가 달곰이에게 말했다.

"그런데 좀 이상하지 않아? 왜 하필 3억 원이야? 물론 엄청난 돈이긴 하지만, 만약 유족들의 주장대로 수리 이모가 강요해서 유서를 고쳤다면, 100억 원이 넘는 재산 중에서 3억 원은 너무 적은 거 아냐?"

달곰이도 그게 이상했다. 할아버지를 협박해 유서를 고치게 하고 독극물로 죽일 정도라면 훨씬 더 많은 돈을 받으려 하지 않았을까? 아무래도 할아버지와 유족들과의 관계, 그리고 할아버지와 수리 이모와의 관계에 대해 좀 더 깊이 알아봐야겠다는 생각이 들었다.

한편, 혜성이와 영재는 할아버지의 손자인 대학생 나하진의 안내로 할아버지의 집을 찾아갔다. 부자 할아버지의 집치고는 상당히 소박한 주택이었다. 정원을 가로질러 집 안으로 들어가자 마루 한쪽으로 여러 종류의 화초들이 자라고 있었다.

"달곰이가 왔으면 좋아했겠네."

언제 어디서나 혜성이는 화초만 보면 달곰이가 생각났다. 모든 화초를 마치 제 자식 돌보듯 하는 달곰이. 거의 말라 죽을 것 같은 화초도 달곰이의 손만 닿으면 금세 싱싱하게 되살아나는 것이 혜성이는 참 신기했다. 그러나 상황이 상황인 만큼 화초나 보고 있을 때가 아니지. 독극물에 의한 사망이라고 하니, 일단 독극물부터 찾아봐야 한다.

혜성이는 사건이 일어난 장소인 안방으로 들어갔다. 침대와 커다란 책상이 있는 단출한 방. 할아버지를 병원으로 옮기다가 그랬는지 침대 시트가 흐트러져 있긴 했지만, 독극물로 보이는 것은 발견되지 않았다.

침대 옆에 놓인 쓰레기통을 열어 보았으나, 있는 것이라고는 뭔가를 싸 놓은 듯한 신문지 뭉치. 꺼내 보니, 화초와 사무용 칼이었다. 쓸모없는 화초라 뽑아서 버린 듯했다.

'하기야 만약 누군가, 행여 수리 이모라 해도 할아버지를 독살할 생각이었다면, 집 안에 버젓이 증거물을 남겨 두지는 않았겠지.'

혜성이는 그런 생각을 하며 마루로 나왔다. 그리고는 마루에서 열심히 증거물을 찾고 있는 영재에게 물었다.

"어때? 뭐 좀 나왔어?"

영재가 고개를 저으며 대답했다.

"아니, 없어."

바로 그때였다.

"아직 멀었니? 내가 좀 바쁜데……."

현관 밖에 있던 나하진이 짜증 난 표정으로 말했다.

"아, 네. 거의 다 끝났어요."

영재가 대답하자, 혜성이는 이때다 싶어 나하진에게 물었다.

"간병인 아주머니에 대해서 좀 말씀해 주세요. 어떤 분이셨어요?"

아무리 수리 이모라 해도 수사는 공정하게 해야 하는 법. 일단 용의자로 의심받고 있으니, 수리 이모에 대한 유족들의 평가도 중요하지 않을까 하는 생각이 들었기 때문이다. 그런데 나하진의 대답은 뜻밖이었다.

"글쎄, 난 한 번도 못 봐서 몰라."

아니, 아주머니를 한 번도 못 보다니. 그럼 6개월 동안 할아버지 댁에 한 번도 안 왔다는 말?

"마지막으로 여기 온 게 할아버지께서 쓰러지시기 전이니까 한 1년 됐나? 그러니까 한 번도 못 봤지."

진짜 이상하다. 그래도 손자인데, 게다가 할아버지가 쓰러지셨다는데 어떻게 한 번도 와 보지 않을 수 있단 말인가! 그렇다면 혹시 유족들과 할아버지의 사이가 좋지 않았던 것은 아닐까?

 ## 할아버지의 슬픔

"어떻게 할아버지의 사망 사실을 알게 됐는지부터 말씀해 주세요."
요리와 달곰이는 변호사 사무실에서 나와 수리 이모를 찾아갔다.
"평소와 마찬가지로 7시쯤 일어났어. 할아버지가 7시 반쯤 일어나시거든. 아침 식사 준비를 하고 있었는데, 7시 반이 지나도 안 부르시는 거야. 이상하다 싶어 방문을 살짝 열어 봤더니 아직 주무시더라고. 전날 늦게 주무셨나 싶어서 그냥 문을 닫고 나왔지. 그런데 그 이후로도 1시간이 넘도록 안 일어나시는 거야. 약을 드실 시간이 늦어질까 싶어 깨우러 들어갔지. '할아버지!' 하고 불렀는데 대답이 없었어. 살짝 흔들어 깨우려고 했는데 갑자기 팔이 툭 떨어지는 거야."

수리 이모는 그때가 다시 생각나는 듯 온몸을 떨었다. 요리가 물었다.

"그 전날, 다른 때랑 다른 이상한 행동은 없었나요?"

"없었어. 다른 때랑 똑같았어. 워낙 규칙적인 생활을 하시는 분이라 조금이라도 달랐으면 내가 눈치챘겠지. 아! 저녁 진지 드시고 그 말씀은 하셨어. 잘 먹었다고. 고맙다고. 평소에 잘 안하시던 말씀을 하셔서 좀 이상하긴 했지만 그땐 그냥 그런가 보다 했지."

그러자 이번에는 달곰이가 물었다.

"유족들과 할아버지의 관계는 어땠나요?"

"내가 간병인으로 들어간 지 6개월이나 됐지만, 그동안 한 달에 한두 번 왔나? 할아버지가 몇 번이나 전화하셔서 보고 싶다고 오라고 해야 겨우 오곤 했지. 사모님이 일찍 돌아가시고 고생 많이 해서 키우셨다는데, 늙고 병드니까 거들떠보지도 않는다고 많이 서운해 하셨어."

성한 분도 아니고 아픈 분인데 어떻게 자식 된 도리로 간병인에게만 맡겨 놓고 자주 찾아뵙지도 않았단 말인가. 요리와 달곰이는 아까 병원에서 서슬 퍼렇게 화를 내던 할아버지의 아들과 딸의 모습이 떠올랐다.

"게다가 어쩌다 한 번 올 때면 꼭 큰소리가 났어."

"큰소리요? 싸웠어요?"

"응. 할아버지가 재산을 아들과 딸에게 똑같이 나누어 주기로 하셨나 봐. 그런데 아들은 왜 똑같이 나누냐, 어차피 제사 모실 사람은 자긴데 자기가 더 많이 받아야 한다고 하고, 또 딸은 요즘 세상에 아들, 딸이 어딨냐, 내가 제사 모실 테니까 걱정 마라 하면서."

요리와 달곰이는 정말 황당했다. 어떻게 아버지 앞에서 재산 싸움을 하고, 게다가 멀쩡히 살아 있는 아버지를 앞에 두고 제사 모시는 이야기까지 한단 말인가!

"그러더니, 할아버지가 돌아가시기 3일 전 저녁에도 한바탕 큰 싸움이 났었지."

"3일 전이라면, 유서를 고쳤다는 날 바로 전날이네요."

요리의 말에 수리 이모는 잠시 생각하더니 고개를 끄덕이며 말했다.

"그래. 그날이 먼저 돌아가신 사모님 제사였거든. 그날도 바쁜데 어렵게 왔다면서 아들이랑 딸이랑 늦게 왔더라고. 그런데 제사도 시작하기 전인데, 갑자기 아들이 할아버지한테 막 소리를 지르는 거야. 그렇게만 해 보라고. 그럼 다신 안 온다고."

"왜요?"

"할아버지가 갑자기 재산의 반만 남겨 주고 나머지는 사회에 환원하겠다고 하셨나 봐. 아들과 딸이 노발대발하면서 왜 자식들 두고 쓸데없는 데 돈을 뿌리냐고 소리를 지르더라고. 결국 둘 다 화가 나서 제사도 안 지내고 그냥 가 버리고 할아버지 혼자 제사를 지냈지. 주무시기 전에 자리 봐 드리러 들어갔더니, 울고 계셨어. 다 잘못 키운 내 잘못이다 하시면서. 나도 얼마나 마음이 아프던지……. 흑흑흑."

그렇다면 그동안 아들과 딸의 재산 싸움 때문에 할아버지가 맘고생이 꽤 심했다는 얘긴데.

"자식들이 그렇게 모질게 하는데도 할아버지는 만날 자식 걱정만 하셨어. 나한테도 얼마나 잘해 주셨는지 몰라. 내가 남편도 없이 아들 둘 키우느라 고생 많이 한 걸 아시고, 불쌍하다면서 원래 주시는 월급보다 꼭 10만 원, 20만 원씩 더 주셨어. 또, 내가 집을 비울 수가 없어서 애들 보러 가지 못하니까 집으로 불러 주셨고. 덕분에 애들이 일주일에 세 번 정도 왔었지. 애들 갈 때 용돈도 주시고……. 흑흑흑. 별로 잘해 드리지도 못했는데, 그렇게 돌아가시다니! 흑흑흑."

목 놓아 우는 수리 이모를 보니, 요리도 달곰이도 눈물이 났다.

"그럼 할아버지가 3억 원을 이모님 앞으로 남겨 놓았다는 사실은 언제 아셨어요?"

사망 원인은 질식

"오늘 알았어. 변호사가 아들한테 유서가 수정됐다고 얘기했나 봐. 아들이 갑자기 나한테 와서 다짜고짜 돈 때문에 아버지를 죽였냐고 난리 난리를 치는 거야. 뭔 소린가 어리둥절해 있는데, 변호사가 말해 줬어. 할아버지가 나한테 3억 원을 남기셨다고. 한 번도 그런 말씀이 없으셔서 난 생각지도 못했어. 그리고 정말 솔직히 말해서 왜 그 돈을 나한테 남기셔서 이런 오해를 받게 하나 하는 생각도 들어. 돌아가신 분한테 할 소리는 아니지만……. 흑흑흑."

요리는 아무래도 아들딸의 끝없는 재산 싸움이 할아버지가 유서를 고치는 데 결정적인 요인이 되지 않았을까 하고 생각했다. 그리고 만약 수리 이모의 말이 사실이라면, 수리 이모가 할아버지의 재산을 노리고 범행을 저질렀다는 유족들의 주장은 믿을 수 없다는 생각도 들었다.

사망 원인은 독

"어떻게 됐어요?"

"수리 이모는 아니죠?"

"누가 범인이에요?"

아이들이 학교로 돌아오자마자 강별, 양철민, 소남우가 한꺼번에 몰려들어 묻기 시작했다. 오히려 수리는 한쪽에서 걱정스런 표정으로 바라보고 있을 뿐이었다. 요리는 얼른 수리를 불러 말했다.

"미안, 아직 확실한 증거를 잡지 못했어. 하지만 걱정 마. 이모님 뵈니까 네 말대로 절대 그럴 분은 아니시더라. 어떻게든 밝혀낼게."

수리는 가만히 고개를 끄덕였다. 후배들이 나가자 아이들은 수사 방향에 대해 의논하기 시작했다. 먼저 혜성이가 말했다.

"휴! 아무리 뒤져도 독극물은 없었어. 쓰레기통까지 뒤졌는데, 이것밖에 안 나왔어. 못쓰는 화초라 그냥 버린 것 같더라고."

그러면서 혜성이는 안방 쓰레기통에 들어 있던, 화초를 싼 신문지를 펼쳐 보였다. 그때였다.

"어, 가만! 이거 천남성인데!"

달곰이가 놀란 표정으로 말했다. 혜성이가 되물었다.

"천남성?"

"응. 주로 산지의 그늘진 곳에서 자라는 풀인데, 5월에서 7월 사이에 이렇게 끝 부분이 앞으로 깊게 꼬부라진 녹색 통 모양의 꽃이 피고, 10월경에 붉은색 옥수수 모양의 열매가 열려."

역시 식물 박사 반달곰. 마치 식물 백과사전을 읽는 듯하다.

"이게 잎이 아니라 꽃이야?"

꼭 코브라같이 생긴 부분을 가리키며 영재가 물었다.

"응, 꽃이야. 그런데 이게 어디서 발견됐다고?"

"안방 쓰레기통에서. 왜?"

"이건 그냥 화초가 아니야. 독초야, 독초."

"독초?"

모두 동시에 소리를 질렀다.

"그래. 특히 천남성의 구슬줄기는 땅속에 있고 양파나 감자처럼 둥근 모양인데, 옛날부터 중풍, 종기, 구토, 파상풍 등을 치료하는 한약재로 쓰였어. 하지만 독성이 아주 강해. 옛날에 죄인에게 내리는 사약 있지? 그걸 만드는 원료로 쓰기도 했대."

"와, 생긴 거랑 다르게 되게 무서운 식물이네."

요리가 놀라며 말하자, 영재가 이상하다는 듯 물었다.

"그런데 어떻게 약으로 먹어? 먹다가 죽으면 어떡해?"

"그러니까 약으로 먹을 땐 꼭 독을 없애는 과정을 거쳐야지."

달곰이가 대답하자 혜성이가 물었다.

"만약 그냥 먹으면?"

"독을 없애지 않고 보통 20그램 이상을 먹으면, 그 강력한 자극 때문에 입안이 헐고, 심하면 부분적으로 세포가 죽지. 또, 목이 마르고 따가우며, 혀와 입술이 붓고 침이 많이 나오면서 혀가 마비돼."

사망 원인은 질식

가만, 그리고 보니 의사가 말한 할아버지의 증상과 비슷하다.

"그럼 혹시 이걸 먹고?"

요리가 놀란 표정으로 묻자, 달곰이가 고개를 끄덕이며 대답했다.

"그런 것 같은데. 봐. 이 껍질, 구슬줄기에서 벗겨 낸 거야."

그리고 보니, 정말 감자를 벗겨 낸 것 같은 껍질이 남아 있었다.

"그러니까 일단 칼이랑 천남성에 묻어 있는 지문을 검식해 보자. 그럼 누가 이걸 만졌는지 알 수 있을 거야."

"그래, 그러자."

달곰이의 말에 모두 동의했다. 혜성이가 머리를 긁적이며 말했다.

"쓸모없는 화초라 뽑아 버린 줄 알고 그냥 증거물 상자에 보관하려다 혹시나 해서 보여 준 건데 그게 아니었네."

"사실 나도 독약만 생각했지, 독초는 생각도 못했어."

영재도 맞장구를 쳤다. 바로 그때였다.

"나도."

돌아보니, 어 형사였다. 막 부검 결과를 가지고 온 것이다.

"입 안이 다 헐고, 여기저기 세포가 죽어 있는 점. 그리고 입술이랑 혀가 부어 있고 침이 많이 나온 것으로 봐서 독극물에 의한 사망이 확실하대. 그리고 위를 조사한 결과, 위 속에서 덜 분해된 조각이 발견됐다기에 뭘 먹었나 싶었는데, 천남성이라니! 일단 위에서 발견된 것과 같은 건지는 다시 확인해 봐야겠지만 말이야."

그러자 요리가 말했다.

"그럼 수리 이모님은 범인이 아니지 을까요? 만약 그랬다면, 왜 금방 탄로 날 증거물을 그대로 안방 쓰레기통에 버렸겠어요."

어 형사가 다시 말을 이었다.

"또 한 가지. 할아버지 왼손 손톱 밑에서 흙이 조금 발견됐어."

> **화초 중에 독초가 있다?**
>
> 집에서 키우는 화초 중에도 독초가 있어. 잎이 단정하고 그늘에서도 잘 자라 실내에서 많이 키우는 잉글리시아이비는 입에만 대도 호흡 곤란이 오고 심하면 혼수상태에 빠질 수도 있지. 또, 꽃이 일곱 번 바뀐다고 할 정도로 예쁜 란타나 역시 독성이 매우 강해 녹색의 열매를 삼켰을 경우 아주 치명적이지. 디펜바키아는 잎을 먹으면 혀와 입이 부풀고 심한 경우 생명이 위험할 수도 있어.

가만, 그렇다면 할아버지가 직접 천남성을 뽑아서 먹었다는 말?

"말도 안 돼. 할아버지는 집 안에서만 겨우 왔다 갔다 하셨다던데, 천남성을 어떻게 구했겠어? 산지의 그늘진 곳에만 산다면서. 혼자 산에 올라가셨을 리도 없고."

영재가 자신의 생각을 말하자, 달곰이가 고개를 갸우뚱하며 말했다.

"꽃이 특이하다 보니까 요즘에는 화초로 많이 키우긴 하는데……."

그러자 혜성이가 깜짝 놀라며 되물었다.

"뭐? 화초! 마루에 화초 많았는데!"

"그래, 맞다! 마루 한쪽으로 가득 있더라고. 그럼 혹시!"

영재도 놀라며 맞장구를 쳤다. 달곰이가 벌떡 일어나며 말했다.

"가 보자."

결국 그 밤에 아이들은 어 형사와 함께 할아버지의 집으로 향했다.

사망 원인은 질식

 ## 자살로 판명되다

할아버지의 집에 도착하자마자 달곰이는 마루에 있는 화초를 쭉 둘러보았다. 그런데 있다. 수십 개의 화분 중 빈 화분이 하나 있었다. 그것도 화초가 뿌리째 뽑힌 듯 흙만 남은 화분. 그리고 그 주변에는 역시 화분에서 떨어진 듯한 흙이 여기저기 흩어져 있었다.

"이 흙을 채취해서 할아버지 손톱 밑에 있던 흙이랑 비교해 보자. 같은 흙이라면 할아버지가 직접 천남성을 뽑았다는 증거가 되겠지."

달곰이의 말에 모두 고개를 끄덕였다. 그리고 드디어 다음 날 아침.

"나왔어. 나왔어."

검사 결과가 나오자마자 혜성이가 부리나케 받아 왔다.

"어떻게 됐는데?"

모두 걱정 반 기대 반으로 모여들었다.

"칼과 천남성의 줄기, 꽃, 그리고 구슬줄기 껍질에서 지문이 발견됐는데, 모두 할아버지의 지문뿐이래. 그리고 할아버지 손톱 밑의 흙도 화분의 흙과 같고, 위 속에 남은 것도 천남성의 구슬줄기로 밝혀졌어."

그러자 요리가 어 형사에게 물었다.

"할아버지의 지문밖에 없다면 할아버지가 스스로 드셨다는 건데, 그럼 자살이라는 말이네요?"

어 형사가 대답했다.

"이모님이 범인이라는 다른 증거물이 없으면, 그렇다고 봐야겠지."

결국 사건은 할아버지의 자살로 판명되었다. 아픈 자신은 거들떠보지도 않고 오로지 재산 욕심밖에 없는 아들과 딸. 할아버지는 스스로 세상을 떠나고 만 것이다.

이모가 누명을 벗게 되자, 수리는 몇 번이고 고개를 숙여 인사했다.

"선배님들, 감사합니다. 정말 감사합니다."

그리고 수리 이모는 할아버지가 자신에게 남긴 3억 원을 고스란히 자선단체에 기부했다. 할아버지의 마음은 감사하지만 자신이 쓸 돈이 아니라면서. 돈은 벌기보다 쓰기가 더 어렵다는 말이 있다. 아이들은 그 말이 정말 맞다는 생각이 들었다.

달곰이가 들려주는
사건 해결의 열쇠

수리 이모가 누명을 쓴 어느 부자 할아버지의 죽음. 이 사건을 해결하기 위한 열쇠는 바로 식물의 구조와 독초에 대해 잘 아는 것이야.

💡 식물의 구조와 하는 일

식물은 대부분 잎, 줄기, 뿌리로 구성되어 있어. 잎, 줄기, 뿌리는 각자 하는 일이 다르지.

잎은 식물의 영양분을 만드는 곳이야. 햇빛에서 에너지를 받아 뿌리에서 빨아들인 물과 공기 중의 이산화탄소를 이용해 광합성을 함으로써 양분인 녹말을 만드는 동시에 우리가 숨 쉬는 데 꼭 필요한 산소를 만들어 내는 아주 중요한 역할을 하지. 또한, 잎은 식물 내의 수증기를 공기 중으로 내보내서 식물의 온도가 너무 올라가지 않도록 해 주는데, 이런 작용을 '증산 작용'이라고 해.

줄기는 아래로는 뿌리, 위로는 잎과 연결되어 있는데, 식물이 잘 서 있을 수 있도록 튼튼히 지지하고 물과 양분을 운반하는 일을 해. 줄기 안에는 뿌리가 흡수한 물과 무기 양분이 이동하는 '물관'과 잎에서 만들어진 영양분이 이동하는 '체관'이 있지. 또, 식물 중에는 만

들어진 양분을 줄기에 저장하는 것도 있어. 감자, 양파, 천남성, 튤립 등이 대표적인 식물이야.

그럼 뿌리는 어떤 역할을 할까? 뿌리는 흙 속에 있는 물과 무기 양분을 흡수해 식물 곳곳에 보냄으로써 식물이 생명을 유지할 수 있게 해 주지. 또, 바람이 불어도 식물이 쓰러지지 않고 꿋꿋하게 서 있을 수 있도록 지지해 줘. 식물 중에는 뿌리에 많은 양의 영양분을 저장하는 것이 있어. 고구마, 무, 당근, 생강 등이 대표적인 식물이야.

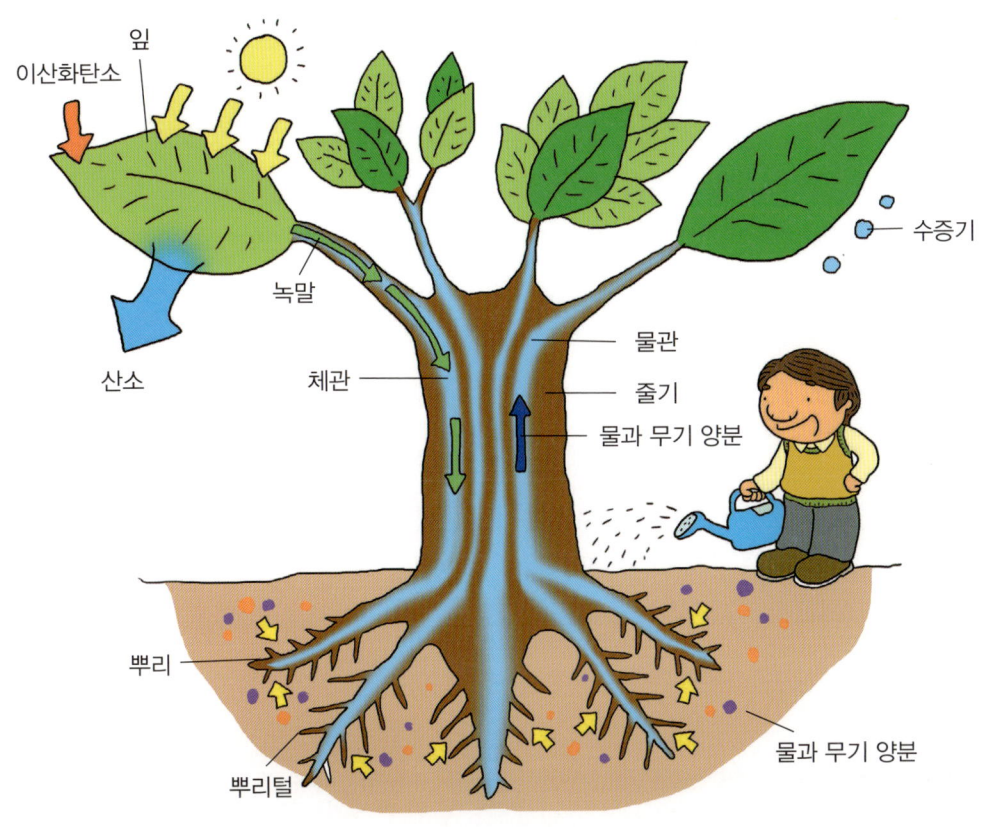

〈식물의 구조〉

💡 식물이 우리 생활에 쓰이는 곳

　식물은 우리 생활에 필요한 많은 것을 주지. 우선 식물의 뿌리나 잎, 줄기, 열매, 씨앗 등이 직접적으로 음식물이 되어 줘. 뿐만 아니라 나무를 잘라 만든 목재는 집이나 각종 생활 용품의 재료가 돼. 나무의 섬유소로 만든 펄프로는 종이를 만들지.

　뿐만 아니라 아주 많은 식물이 약으로 쓰여. 특히 한약재에 쓰이는 재료 중 많은 것들이 식물의 껍질이나 뿌리, 줄기 등에서 나오지. 인삼이나 당귀, 오가피 등은 아주 널리 쓰이는 약초야.

〈식물의 쓰임〉

💡 독초의 종류

　하지만 식물 중에는 먹으면 아주 위험한 독초들도 많이 있어. 천남성을 비롯해 미치광이풀, 앉은부채, 애기똥풀, 투구꽃 등은 대표적인 독초야.

　일반적으로 독초를 구분하는 방법은 무엇일까? 독초는 보통 꽃과 잎, 그리고 열매의 빛깔이 아주 강렬해. 또, 특유의 불쾌한 냄새가 나는 것이 많고, 식물에서 나오는 즙이 피부에 닿으면 두드러기가 일어나는 것이 많지. 그래서 독초는 대부분 벌레 먹은 흔적이 없어. 곤충이나 초식 동물도 독성이 없는 풀을 가려 먹거든.

독초 중에는 나물과 비슷하게 생긴 것들도 있어. 그래서 특히 봄이면 산이나 들에서 봄나물인 줄 알고 캐서 먹었다가 큰 변을 당하는 경우가 있지. '나물'이라는 이름이 붙은 식물 중에도 독초가 있어. 개발나물, 동의나물, 삿갓나물, 피나물 등은 절대 먹으면 안 되는 독초야.

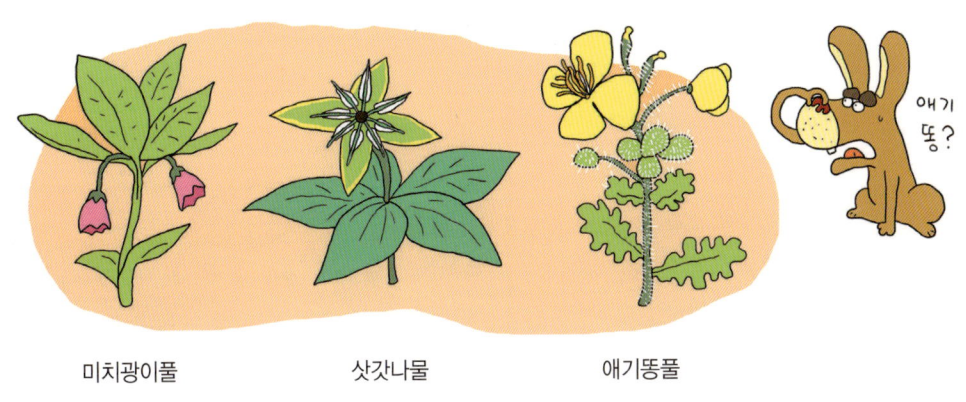

〈여러 가지 독초〉

그러니까 생각해 봐. 나갑부 할아버지의 사망 원인은 지병인 뇌출혈이 아닌 독극물에 의한 질식. 그런데 할아버지의 방에서 발견한 풀이 독초인 천남성임을 알아내고 그 천남성이 할아버지의 집에 있었음을 밝혀냈어. 이를 토대로 할아버지가 독성이 강한 천남성의 구슬줄기를 먹고 자살했다고 판단했고, 수리 이모는 누명을 벗을 수 있었지. 어때, 이젠 알겠지?

■ 핵심 과학 원리 – 색순응

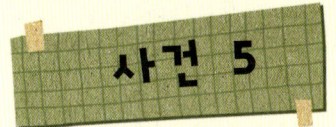

사건 5

도심 대폭발을 막아라!

"방금 전 미국 FBI로부터 긴급 정보가 들어왔는데, 국제 테러 단체인 '알키우다'의 조직원 한 명이 어젯밤 우리나라에 들어왔다고 한다."

극장에 가다

"다 내 덕인줄 알아, 이것들아~."

나름 개그한다고 최근 유행하는 개그를 정말 썰렁하게 곁들이는 어 형사. 그래도 좋다. 얼마 만의 영화 관람인가!

오늘은 토요일. 그것도 노는 토요일. 평소에 아이들은 노는 토요일에도 보충 수업이든 시험이든 뭔가 꼭 일정이 있어서 오전부터 대놓고 놀아 본 적이 거의 없었다. 혜성이가 어 형사를 슬쩍 떠보았다.

"혹시 데이트하시려고 일부러 저희 핑계 대신 거 아니에요?"

"데이트? 아니, 데이트는 무슨……."

그러면서도 입이 함지박만 하게 벌어지는 어 형사, 역시 수상하다.

"오늘 순정이 언니 고향에 두 분이 인사를 드리러 가신대."

요리가 금세 재잘대자, 달곰이가 놀라 묻는다.

"그럼 두 분이 정말 결혼하시는 거예요?"

그러자 두 손까지 휘저어 가며 극구 부인하는 어 형사.

"결혼은 무슨! 부모님께 정식으로 인사드리고 사귀려는 거지."

그러자 다시 요리가 쏙 끼어들며 말한다.

"우리 이모가 형사라고 좀 맘에 안 들어 하시거든."

"왜? 형사가 어때서?"

혜성이, 달곰이, 영재가 동시에 어 형사 편을 든다. 으이그~, 누가 형사 아니랄까 봐. 그러자 어 형사, 의기양양해서 한마디 한다.

"걱정 마. 내가 이 멋진 외모와 뛰어난 지성으로 순정 씨 어머니의 선입견을 확! 깨 드릴 테니까."

쯧쯧. 그건 아무리 생각해도 좀 무리일 듯……. 이유야 어떻든 모처럼 놀게 된 아이들. 한참 의논한 끝에 최근 가장 잘나간다는 톰 히어로 주연의 '도심 대폭발'을 보기로 했다.

아이들은 신이 나서 극장으로 갔다. 지상에는 유명 호텔과 백화점이 즐비하고, 그 건물들을 연결한 넓디넓은 지하에는 각종 쇼핑 시설들이 들어선 쇼핑몰. 바로 그곳 지하 1층에 극장이 있다. 혜성이 말로는 요즘 제일 잘나가는 극장이라나 뭐라나.

팝콘에 콜라, 고소한 버터 구이 오징어까지 씹으며 영화를 보는 맛이라니! 게다가 테러리스트들이 도심 곳곳에서 벌이려는 폭탄 테러에 맞서 동분서주하는 톰 히어로의 멋진 액션. 모두 흠뻑 반하고 말았다.

그런데 극장에서 나오자마자 달곰이는 배에서 슬슬 신호가 오는 게 느껴졌다. 아무래도 팝콘이랑 콜라를 너무 많이 먹었나 보다. 달곰이는 쏜살같이 화장실로 달려갔다. 그러나 사람이 많아 한참 줄을 서 기다린 뒤에야 드디어 달곰이 차례. 이제 살았다 싶어 들어가려는데, 그때였다. 누군가 달곰이 앞을 휙 지나 그 칸으로 들어가 버리는 것이 아닌가.

아니, 이런 황당한 일이! 달곰이는 기가 막혔다. 그래서 얼른 남자를 부르려는데, 우리나라 사람이 아니었다. 거무스름한 얼굴에 곱슬머리, 수염까지 잔뜩 난 무척 험상궂은 얼굴의 외국 사람.

'외국인이니까 봐준다. 우리나라 관광 사업을 위해서.'

달곰이는 바로 꼬리를 내리고 할 수 없이 다음 순서에 화장실에 들어갔다. 그렇게 겨우 볼일을 보고 나왔는데, 갑자기 혜성이가 달곰이를 잡아끌며 다급하게 말했다.

"아이 참, 왜 이렇게 늦게 나왔어. 비상이야, 비상!"

테러와의 전쟁이 시작되다

아이들이 황급히 학교로 돌아오니, 벌써 어 형사도 와 있었다.

"휴! 형사 싫어하시는 이유, 나도 충분히 이해한다니까."

쯧쯧, 아이들과 헤어져 시골로 내려가다 다시 차를 돌려 돌아온 어 형사. 형사에 대한 선입견을 확 깨고 오겠다는 아까의 투지는 다 어디 가고, 비 맞은 닭처럼 처량해 보였다. 갑자기 무슨 비상 사태일까?

"방금 전 미국 FBI로부터 긴급 정보가 들어왔는데, 국제 테러 단체인 '알키우다'의 조직원 한 명이 어젯밤 우리나라에 들어왔다고 한다."

박 교장의 말에 영재가 놀라 물었다.

"지난달 남태평양의 쉬어 섬에서 폭탄 테러했던 그 테러 단체요?"

그러자 혜성이가 대신 대답했다.

"쉬어 섬뿐만이 아니지. 그 전달에는 영국 지하철에서, 그 전달에는 일본 공연장에서 자살 폭탄 테러를 일으키려다 바로 직전에 잡혔잖아."

그렇다면 우리나라에서도 폭탄 테러를 하겠다는 건가?

> **폭탄이란?**
>
> 폭탄은 금속 용기에 폭약을 채워 폭발시켜 시설 파괴나 인명 살상을 목적으로 하는 병기를 말해. 대부분 '신관'이라는 작은 장치로 폭발해. 신관이 폭발하면 폭약은 순간적으로(약 0.0002초) 고온의 가스가 되어 팽창하고 이때 거대한 충격과 압력, 파편 등이 생기거든. 이로 인해 주위의 시설물이 펑! 하는 요란한 소리와 함께 파괴되지.

아니, 이런 우연의 일치가! 방금 보고 온 영화와 같은 일이 우리나라에서 일어날지도 모른다니, 아이들은 온몸에 소름이 돋았다.

"일단 FBI에서 보내 온 자료부터 보지."

박 교장이 말하자, 어 형사가 곧바로 설명을 시작했다.

"이름은 빈수레. 국적은 미국이고, 전 세계에 흩어져 있는 알키우다의 행동 대원 중 한 명이지. 어젯밤 9시 미국에서 홍콩을 거쳐 우리나라에 들어온 것으로 확인됐어. 그러나 그 후 공항에서 사라져서 아직까지 어디에 있는지 몰라."

그럼 정말 큰일이 아닌가! 언제 어디서 폭탄 테러를 일으킬지 모른다는 얘기다. 바로 그때였다. 가만히 사진 속의 빈수레를 보던 요리가 고개를 갸우뚱하며 말했다.

"어디서 본 사람 같은데……."

워낙 눈썰미가 좋기로 유명한 요리. 요리가 봤다면, 분명히 본 사람이다.

"아까 화장실! 화장실 밖에서 달곰이 기다릴 때 화장실로 들어갔던 사람이랑 비슷해. 이 사진에는 수염이 없고 아까 그 사람은 수염이 잔뜩 있긴

했는데, 얼굴선하며 머리도 곱슬머리고 아무리 봐도 비슷한 것 같아."

요리의 말에 달곰이도 사진을 자세히 들여다보았다. 순간 번쩍, 아까 화장실에서 본 남자의 인상이 떠올랐다.

"맞다. 나도 본 것 같아. 내 차례가 되어서 화장실로 들어가려는데 순식간에 새치기를 하더라고. 이 사진에 수염만 붙이면 똑같을 것 같아. 가만, 그럼 혹시……."

순간, 모두의 뇌리를 스치는 것이 있었으니, 동시에 소리치고 말았다.

"쇼핑몰?"

그렇다. 만약 FBI의 정보가 사실이라면, 그래서 알키우다가 이번에는 우리나라를 노리고 폭탄 테러를 저지르기 위해 빈수레를 보냈다면, 그리고 아까 요리와 달곰이가 본 그 외국인이 진짜 빈수레라면, 폭탄 테러를 일으킬 목표물이 쇼핑몰일 가능성도 있다.

"그래. 지금까지의 테러 스타일을 보면, 쉬어 섬에서도 영국과 일본에서도 모두 사람들이 많이 모이는 곳을 테러 장소로 잡았지. 그러니 쇼핑몰도 가능성이 있어."

박 교장의 말에 아이들은 가슴이 뛰기 시작했다.

"빈수레를 잡는 게 중요해. 시간이 없어. 서울 전역에 검문검색 시작하고, 사람들 많이 모이는 곳, 특히 쇼핑몰에 경찰을 많이 배치해."

언제 어디서 터질지 모르는, 말 그대로 시한폭탄 같은 사건. 테러와의 전쟁이 시작된 것이다.

가방 가게 주인의 죽음

　검문검색이 강화되고 빈수레를 찾기 위해 서울의 모든 경찰들이 삼엄한 경비를 펼쳤으나, 저녁이 다 되도록 좋은 소식은 들려오지 않았다.

　게다가 밤 7시경, 전혀 예상치 못한 사건이 일어났다. 홍대문의 한 가방 가게에서 주인이 피살당했다는 신고가 경찰에 들어왔다. 홍대문 경찰서에서 경찰이 파견되어 상가 출입구에 설치된 CCTV 데이터를 분석해 의심 가는 용의자를 찾았는데, 그중 한 사람의 인상착의가 빈수레와 비슷하다는 것이다.

　아이들은 곧바로 홍대문 경찰서로 가서 CCTV 데이터를 확인했다. 어두운 조명과 눌러쓴 모자 때문에 잘 보이지는 않지만, 모자 사이로 삐져나온 곱슬머리와 수염 그리고 얼굴선. 아무리 봐도 아까 본 남자와 똑같았다.

　"맞아. 아까 저 옷 입고 있었어. 검은 바지에 흰 셔츠, 검은 점퍼."

　역시 요리다. 잠깐 본 사람인데 입고 있던 옷까지 기억해 내다니. 달곰이가 담당 형사에게 물었다.

　"이건 들어가는 장면이고 나오는 장면은 없어요?"

"없어. CCTV는 정문에만 있거든. 옆문으로 도망간 모양이야."

이런! 경비가 그렇게 허술해서야……. 영재가 자신의 생각을 말했다.

"폭탄을 옮기려고 가방을 가져갔나 봐. 나중에라도 얼굴이 알려지면 가게 주인이 기억해 내 신고할 가능성이 높고 그러면 어떤 가방을 가져갔는지 알려지기 때문에 폭탄이 터지기 전에 발각될 수도 있으니까 범행을 저질렀겠지."

혜성이가 말했다.

"빨리 어떤 가방인지 알아내야 할 텐데……. 빈수레가 목표 지점에 시한폭탄을 설치하고 도망치면, 가방이라도 찾아서 폭탄을 없애야지."

그러나 가게 주인은 이미 살해당한 상황. 빈수레가 어떤 가방을 가져갔는지 알 수가 없다. 신출귀몰하는 빈수레가 어디에 있는지도 모르니 아직 아무런 단서도 찾지 못한 아이들은 실망한 채 학교로 돌아왔다.

워낙 시간을 다투는 사건인지라 마음은 급한데 단서는커녕 일이 자꾸 커지기만 하니, 아이들은 모두 기분이 좋지 않았다. 그런데!

"정말 폭탄 테러예요? 어디서요? 벌써 폭탄을 설치했대요? 으~, 어떡해. 큰일 났다."

휴! 누가 리틀 어 형사 아니랄까 봐 온갖 수선 다 피우는 양철민. 옆에 따라온 소남우는 벌써 얼굴이 백지장처럼 하얗게 꽤 충격을 받은 모양으로, 겨우 한마디 한다.

"아, 아직 안 잡혔어요?"

"아유, 선배들 표정 딱 보면 모르냐! 당연히 안 잡혔지. 그리고 명색이 알카에다 테러범인데 나 잡아 잡수~ 하고 금방 잡히겠냐!"

으이그~. 가뜩이나 머리 아파 죽겠는데, 양철민의 수다까지 듣고 있으려니 아이들은 신경이 곤두섰다. 혜성이가 낮은 목소리로 딱 한마디 했다.

"시끄러."

순식간에 싸늘해진 분위기. 소남우가 얼른 고개를 숙이며 사과했다.

"죄, 죄송해요. 나가자, 빨리."

소남우는 놀란 양철민을 끌고 나갔다. 사실 사태가 사태인 만큼 아이들은 꽤 예민해져 있었던 것이다. 둘이 나가자, 혜성이가 머리를 감싸며 한숨을 쉬었다.

"휴! 머리 아파."

 ## 빈수레의 죽음

바로 그때였다. 어 형사가 황급히 뛰어 들어오며 소리를 질렀다.

"죽었어. 빈수레가 죽었어."

"빈수레가요?"

모두 벌떡 일어나 어리둥절해 있는데, 뒤따라 들어온 박 교장이 어두운 표정으로 대답했다.

"9시 10분쯤 홍대문 경찰서에 또 한 건의 살해 사건이 접수됐는데, 피해자가 빈수레야."

아이들은 곧바로 사건 현장인 홍대문 근처의 한 술집으로 갔다. 갑작스런 사건에 현장에 있던 사람들은 모두 두려움에 떨고 있었다.

지하 1층에 있는 그 술집에는 작은 홀과 세 개의 방이 있었다. 그중 사건이 일어난 방은 제일 안쪽 방. 방에 들어가 보니, 작은 탁자가 하나 있고 그 주위를 빙 둘러 소파가 놓여 있었다. 빈수레는 소파에 앉아 탁자 위에 머리를 대고 엎드려 있었다. 앉은 채로 범인에게 공격을 당한 후 그대로 탁자 위로 쓰러진 것으로 보였다.

아이들은 각자 흩어져 수사를 시작했다. 달곰이는 시신과 그 주변을 살피고, 요리는 탁자 위에 놓인 맥주잔과 맥주병, 탁자 등에서 지문을 채취했다. 그리고 영재는 안팎의 출입문을 조사하고 지문을 채취했다.

한편, 어 형사는 시신을 발견해 경찰에 신고한 종업원에게 사건 경위를 물었다. 종업원은 마음이 가라앉지 않는지 덜덜 떨며 대답했다.

"8시쯤이었어요. 혼자 왔더라고요. 그래서 홀에 앉겠냐고 홀에 있는 의자를 가리켰더니, 'No.'라고 했어요. 그러더니 제일 안쪽 방을 가리키면서 'Room.' 그러더라고요. 그래서 그쪽으로 안내했죠. 영어로 맥주 한 병이랑 안주를 시켜서 갖다줬어요."

"그럼 그 후에 그 방으로 들어간 사람은요?"

"잘 모르겠어요. 손님들이 몰려올 시간이라 정신없이 바빴거든요."

"그런데 어떻게 발견했죠?"

"한 시간쯤 지나서 언뜻 생각이 난 거예요. 맥주 한 병 시키고 너무 오래 있는다 싶어 들어가 봤죠. 그런데 들어가니까 탁자에 엎드려 있더라고요. 처음엔 벌써 취해서 잠든 줄 알았어요. 그래서 깨우려고 다가갔는데……. 으~, 정말 끔찍했어요."

종업원은 소름이 끼치는 듯 온몸을 떨면서 대답했다.

정말 큰일은 큰일이다. 빈수레를 잡으면 폭탄 테러를 막을 수 있다고 생각했는데, 그가 죽은 것이다. 게다가 누가 왜 그를 죽였는지 아무것도 알 수 없다. 혹시 그의 신분이 노출된 것을 눈치챈 것일까? 그래서 더 이상 그에게 일을 맡길 수 없다고 판단해 죽인 것이 아닐까? 이젠 정말 어떻게 한단 말인가! 닭 쫓던 개 지붕 쳐다보는 격이 되었으니.

한편 혜성이는 술집에 있던 손님들에게 수상한 사람을 본 적이 있는지 물었다. 그때였다.

"그러고 보니, 한 사람이 좀 이상하긴 했어. 지금 보니까 여기 없네."

회사원으로 보이는 젊은 남자가 나서며 말했다. 다른 사람들도 모두 그를 쳐다보았다. 혜성이가 그 남자에게 물었다.

"그래요? 어떤 사람이었는데요?"

"화장실에서 나오다가 마주쳤어. 복도가 너무 어두워 잘 보지는 못했는데, 키가 170센티미터 정도? 그리고 빨간 모자를 푹 눌러 쓰고 있어서 얼굴은 못 봤고, 아! 셔츠도 빨간색이었어. 그리고 또 하나! 내가 이상하다고 생각한 게 뭐냐면 가방을 끌고 있었다는 거야."

"가방이요?"

"응. 여행갈 때 끌고 다니는 가방 있잖아. 그걸 가지고 있더라고. 여행객인가보다 했는데, 지금 생각해 보니까 이상한 거야. 아무리 그래도 그렇지, 그런 가방을 화장실까지 가지고 들어오는 건 좀 이상하잖아?"

혜성이는 얼른 되물었다.

"무슨 색이었는데요?"

"음……. 회색? 그래, 회색 가방이었어."

그렇다면 점점 더 확실해진다. 혜성이는 곧바로 어 형사에게로 갔다. 그리고 방금 들은 이야기를 전했다. 바로 그때였다. 옆에서 듣고 있던 시신을 처음 발견한 종업원이 깜짝 놀라며 말했다.

"어, 가방이라면 나도 봤어요. 그 손님이 가지고 들어왔어요. 여행용 끌고 다니는 가방 있잖아요. 아마 회색이었던 것 같아요."

그렇다면 화장실 앞에서 빨간 셔츠를 입은 사람이 가지고 있던 가방을 이곳에 가지고 온 사람이 빈수레라는 얘기다. 그럼 확실하다. 그 가방은 빈수레가 가방 가게에서 가져간 가방일 것이다. 빈수레는 누군지 몰라도 빨간 셔츠를 입은 남자를 여기서 만나 그 가방을 전달했다. 그러니 지금으로선 바로 그 남자가 빈수레를 살해했을 가능성이 높다.

"작전 본부에 보고해서 빨간 셔츠를 입고 빨간 모자를 쓰고 회색 여행용 가방을 끌고 있는 사람을 찾으라고 해."

어 형사의 명령에 혜성이는 얼른 작전 본부의 박 교장에게 알렸다.

'가방을 가지고 화장실로 들어갔다면, 화장실로 빠져나간 게 아닐까?'

혜성이가 막 그런 생각을 하고 있는데, 바깥을 살피러 나갔던 영재가 뛰어 들어오며 말했다.

"건물 뒤쪽으로 지하에서 난 창문이 하나 있어. 그런데 열려 있어서 보니까 안쪽이 화장실이더라고. 혹시 그쪽으로 도망간 게 아닐까?"

혜성이와 영재는 얼른 화장실로 뛰어 들어갔다. 화장실에는 변기 위쪽으로 사람 한 명은 나갈 수 있을 만한 크기의 창문이 있는데, 열려 있었다. 그리고 그 위쪽은 영재가 말한 대로 바로 건물 뒤쪽. 그런데 그때였다. 영재가 깜짝 놀란 목소리로 말했다.

"어, 이거!"

혜성이가 보니, 화장실 쓰레기통 속에서 뭔가 삐죽 나와 있는 것이 아닌가! 꺼내 보니, 칼이다. 피 묻은 칼. 그렇다면 확실하다. 범인은 빈수레와 이곳에서 만나기로 한 다음, 다른 사람의 눈에 띄지 않기 위해 이 창문으로 들어왔다. 그리고 빈수레가 있다는 방으로 찾아가 빈수레를 죽인 다음, 가방을 가지고 다시 화장실로 왔다. 그리고 쓰레기통에 칼을 버린 다음, 이 창문을 통해 다시 빠져나갔다.

그나저나 문제는 가방이 여기 없다는 것이다. 게다가 그 가방에는 폭탄이 들어 있을 확률이 높다. 빨간 모자에 빨간 셔츠를 입은 남자와 회색 가방을 빨리 찾아야 한다.

잘못된 정보

아이들은 어 형사와 함께 일단 술집에서 나와 작전 본부로 향했다. 시간은 벌써 밤 10시가 훨씬 넘었다. 뒷골목이라 그런지 훨씬 더 어둡게 느껴졌다. 마치 아이들의 막막한 마음처럼. 그때였다.

"아얏!"

요리가 돌부리에 걸려 넘어지자, 혜성이가 재빨리 일으켜 주었다.

"괜찮아?"

"응, 괜찮아. 어두워서 돌을 못 봤어."

바로 그때였다.

"가만, 아니지! 아닐지도 몰라."

영재가 갑자기 혼잣말을 했다.

"왜 그래? 무슨 소리야?"

혜성이가 황당하다는 듯 물었다. 영재가 혜성이에게 물었다.

"방금 그 술집, 조명이 어떤 조명이었지?"

"조명? 무슨 조명? 그냥 불 켜져 있었잖아. 환하게."

혜성이가 대답하자, 영재는 갑자기 휙 뒤돌더니 다시 술집으로 뛰어 들어가는 것이 아닌가. 갑작스런 영재의 행동에 모두 어리둥절. 그러나 뭔가 짚이는 게 있어서 그러겠지 싶어 모두 영재를 따라 다시 술집으로 들어갔다. 영재는 다짜고짜 종업원에게 소리쳤다.

"불 좀 꺼 보세요."

아직 경찰들이 현장 수습을 하고 있는데 갑자기 불을 끄라니!

"영업할 때 이렇게 불을 다 켜 놓고 있지는 않을 거 아니에요. 그러니까 아까 영업했을 때 켜 놓은 조명으로 바꿔 보시라고요."

영재의 말에 종업원은 얼른 입구에 있는 스위치로 가더니 조명을 바꿔 켰다. 그러자 실내가 컴컴해지더 빨간색 조명이 들어왔다.

"빨간색 조명! 아까도 이 빨간색 조명만 계속 켜져 있었나요?"

"그랬지."

종업원의 대답이 끝나기가 무섭게 영재는 낭패라는 표정으로 말했다.

"어떡해. 빨간 셔츠가 아니야. 회색 가방도 아니고."

이게 무슨 말인가. 빨간 셔츠도, 회색 가방도 아니라니!

"봐. 혜성이 형이 흰색 티셔츠를 입고 있는데 빨간 조명 아래 있으니까 빨간색으로 보이잖아."

정말 혜성이를 보니 마치 빨간색 티셔츠를 입은 것처럼 보였다. 분명히 흰색인데. 그러자 이제껏 듣던 어 형사가 물었다.

"그럼 범인도 흰색 모자에 흰색 셔츠를 입고 있었단 말이야?"

"네, 맞아요. 그리고 회색이 아닌 빨간색 가방이에요."

"알았어."

어 형사는 재빨리 작전 본부에 다시 연락했다.

연락을 받은 박 교장은 조금 난처했다. 하기야 빨간 셔츠에 빨간 모자, 회색 여행용 가방을 끌고 있는 사람을 찾으라는 명령을 서울 전역에 내린 지 20분도 채 안 지났는데, 금세 흰색 셔츠에 흰색 모자 그리고 빨간색 가방이라니. 경찰청장이 굳은 표정으로 박 교장에게 물었다.

"이번엔 확실한가?"

"네. 아까는 목격자의 말만 믿고 착오가 있었던 것 같습니다. 이번엔 확실합니다."

"좋아, 그럼 다시 지시해."

박 교장은 변명의 여지가 없었다. CSI가 급한 마음에 실수를 한 것이다. 하지만 어찌하랴. 이제라도 알아냈으니 다행이었다.

작전 본부로 돌아오는 길, 달곰이는 의문이 생겼다.

"그런데 왜 빨간색 조명에서는 흰색이 빨간색으로 보이는 거야?"

그러자 영재가 대답했다.

"물체가 색을 띠는 이유는 물체에 부딪친 빛의 일부는 흡수하고 일부는 반사하기 때문이야. 예를 들면 초록색 잎은 초록색만 반사하고 나머지 빛들은 흡수해서 초록색으로 보이는 거지."

"그래. 흰색으로 보이는 것은 햇빛을 모두 반사하기 때문이잖아."

혜성이가 아는 척을 했다.

"맞아. 그런데 흰색 물체를 붉은색 조명 아래에서 보면 붉은색으로 보여. 마치 눈에 붉은색 셀로판지를 대고 보는 것처럼. 그럼 붉은색은 붉은색 조명 아래에서 어떤 색으로 보일까?"

"그냥 붉은색으로 보이는 거 아냐? 같은 색깔인데."

요리가 자신의 생각을 말했다.

"맞아. 정육점에서 붉은색 불을 켜 놓잖아. 붉은색 고기가 더 선명한 붉은색으로 보이게 하기 위한 거 아냐?"

혜성이가 다시 물었다.

"맞아. 정육점처럼 붉은색 물체에만 붉은 빛을 주었을 때에는 더 선명한 붉은색으로 보이지. 하지만 방 안 전체 조명으로 붉은 조명을 켜 놨을 때는 달라. 색순응 때문이지."

"색순응? 그게 뭔데?"

달곰이의 물음에 영재가 천천히 대답했다.

"색순응이란 조명이나 물체의 색을 오랫동안 계속 쳐다보고 있으면 눈이 그 색에 적응되어 색을 알아보는 감각이 둔해지면서, 물체 중 그 조명의 색과 똑같은 것은 회색 같은 무채색으로 느끼게 되는 현상을 말해. 즉, 빨간색 조명 아래에서 빨간색은 회색으로 보이는 거지."

"그렇구나. 그러니까 목격자는 빨간색 조명 아래에 눈이 적응된 상태에서 빨간 가방을 봤기 때문에 회색으로 느껴졌다~ 이거지!"

달곰이가 드디어 이해가 된다는 듯 말했다. 그나저나 빨리 용의자와 가방을 찾아야 될 텐데 큰일이다.

> **색을 구별할 수 있는 동물은?**
>
> 포유류 중에서 색을 구별할 수 있는 동물은 사람과 원숭이류뿐이야. 사람은 같은 계통의 색 250가지를 구별할 수 있고, 혼합색은 1만 7000가지나 구별할 수 있지. 또한, 매와 독수리 등 낮에 날아다니는 새들은 사람과 거의 비슷하게 선명한 천연색을 볼 수 있는 데다가, 시력은 사람보다 5배 정도 좋아. 피라미나 큰가시고기 등 몇몇 물고기도 색을 구별할 수 있지.

시한폭탄을 없애라!

그런데 어 형사와 아이들이 작전 본부로 가기 위해 막 쇼핑몰 역을 지날 때였다. 무전기에서 다급한 목소리가 울려 퍼졌다.

"용의자 발견. 용의자 발견."

"뭐? 용의자 발견!"

"창명 지하철역에서 용의자 발견. 지하철 타는 것을 막 놓쳐 버렸다. 지금 지하철을 타고 안신내 쪽으로 가고 있다."

곧바로 박 교장이 명령을 내리는 소리가 들렸다.

"창명 다음 역인 소리역에서부터 안신내역까지 모든 역에 경찰과 폭발물 제거반을 투입하라! 빨리!"

창명역에서 종점인 안신내역까지는 모두 다섯 정거장이다. 그 중간에 바로 여기, 쇼핑몰 역이 있다. 그렇다면 처음 예상대로 폭발 목표지역은 쇼핑몰? 창명역에서 쇼핑몰 역까지는 세 정거장. 시간이 없다.

"만약 경찰이 있는 것을 범인이 알아채면 안 내리고 그냥 지나갈 수도 있으니까 우리가 잡는 게 낫지 않을까요?"

혜성이의 말에 어 형사도 고개를 끄덕였다.

"좋아, 그렇게 하자!"

어 형사가 박 교장에게 경찰은 플랫폼에 접근하지 않게 해 달라고 한 후, 모두 재빨리 역으로 뛰어 들어갔다. 그러고는 플랫폼에 흩어져 용의자가 내리기를 기다리는데, 그때 플랫폼으로 열차가 들어오기 시작했다. 긴장된 순간. 내릴 수도 있고, 그냥 지나쳐 갈 수도 있다. 제발 내려라!

바로 그 순간이었다. 흰 셔츠를 입고 흰 모자를 쓴 외국인으로 보이는 한 남자가 빨간색 여행용 가방을 끌고 지하철 앞쪽, 혜성이가 서 있는

쪽으로 내리는 것이 아닌가! 혜성이는 지하철을 타려는 것처럼 조심조심 다가갔다. 그를 지나치려는 듯하다가 순식간에 그의 팔을 꺾어 버렸다. 그러고는 영어로 말했다.

"당신을 폭탄 테러 용의자로 체포합니다."

어 형사와 다른 아이들이 뛰어오고, 남자는 완전히 제압당했다. 드디어 테러 용의자를 잡은 것이다. 그러나 역시 대담한 테러리스트. 남자는 갑자기 큰 소리로 웃으며 소리를 쳤다.

"하하하, 잡아도 소용없어요. 이제 곧 터져요, 하하하."

그렇다면 벌써 폭발 시간이 맞춰져 있다는 말! 아이들은 조심스레 가방을 열었다. 가방 안에서 시한폭탄이 모습을 드러냈다!

남은 시간은 2분. 2분 후면 폭발이다. 바로 그때였다. 너무도 다행히 폭발물 제거반이 도착했다. 폭발물 제거반은 모두를 물러나도록 했다. 그리고 액체 질소로 폭탄을 순식간에 꽁꽁 얼려 버렸다. 액체 질소는 온도가 영하 196℃로 매우 낮기 때문에 모든 전자제품의 작동을 아예 멈추게 하거나 아주 늦게 작동되도록 할 수 있다. 시한폭탄도 마찬가지. 이제 안전한 장소로 옮겨 폭발시키면 되는 것이다.

"성공! 해냈다! 하하하."

아이들, 경찰, 폭발물 제거반까지 모두 함께 기뻐했다. 작전 본부의 박 교장과 경찰청장도 안도의 한숨을 내쉬었다. 상상만 해도 끔찍한 도심 대폭발을 CSI가 막은 것이다. 아침에 본 영화 주인공 톰 히어로처럼.

체포된 범인은 알키우다 소속의 미국인. 5개월 전 취업 비자로 들어와 한 공장에 취직해 일하면서 이번 폭탄 테러 장소와 방법 등을 총지휘한 사람이었다. 폭탄 테러를 실행에 옮길 사람으로 빈수레를 불러들였으나 그의 신분이 들통 난 것을 알아채고, 알키우다의 지령에 의해 빈수레를 살해한 후 직접 폭탄 테러를 하려고 했던 것이다.

모든 상황이 정리되고 학교로 돌아온 아이들. 아이들이 도착하자, 소식을 들은 후배들뿐 아니라 정 형사까지 나왔다. 정 형사가 물었다.

"괜찮아? 안 다쳤어?"

"네."

그러자 후배들도 여기저기서 난리가 났다.

"무슨 일 생기는지 알고 무서워서 죽는 줄 알았어요."

"맞아요. 그때 만약 폭탄이 터지기라도 했으면! 으~, 끔찍해!"

사실 경찰로서 자신의 임무에 충실하다 보면 언제든 예기치 못할 위험한 상황에 놓이게 된다. 그리고 그런 순간 경찰이면 누구나 경찰로서의 임무와 자신의 안전 사이에서 고민하게 될 것이다. 하지만 어떤 것을 선택하든 누구도 뭐라 할 수는 없지 않을까? 왜냐하면 경찰로서의 임무뿐 아니라 한 사람으로서의 목숨도 소중하니까.

아이들은 자신들을 걱정해 주는 후배들이 참 고마웠다. 그리고 아까 신경이 예민해져 양철민과 소남우에게 짜증을 냈던 혜성이는 괜히 미안한 마음이 들었다.

영재가 들려주는
사건 해결의 열쇠

끔찍한 도심 대폭발을 일으키려 했던 테러 단체 알키우다. 다행히 테러 직전, 폭탄이 든 가방과 테러리스트가 입은 옷의 색을 정확히 알아낼 수 있었던 것은 우리 눈이 어떻게 색을 보는지 잘 알았기 때문이야.

💡 빛과 색

세상에는 알록달록, 셀 수 없을 만큼 아주 많은 색이 있지. 우리가 물체를 구별할 때 먼저 눈에 띄는 것은 그 물체의 색이야. 초록 나뭇잎, 빨간 장미 등 물체마다 저마다의 색깔이 있으니까. 그럼 우리는 어떻게 물체의 색을 보게 되는 것일까?

우리 눈이 물체를 볼 수 있는 것은 그 물체에서 반사되어 나오는 빛을 보

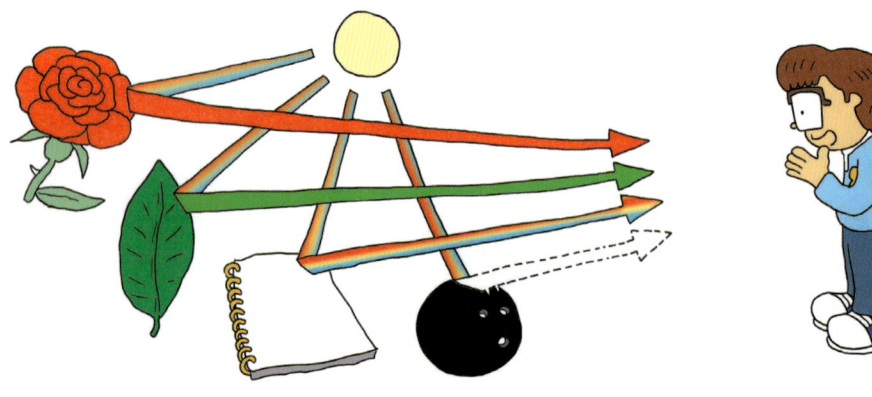

〈빛과 색의 관계〉

기 때문이라는 사실, 알고 있지? 햇빛을 프리즘을 통해 분산시키면 빛의 파장에 따라 여러 색으로 나뉘지. 그런데 그렇게 여러 가지 파장을 가진 빛이 물체에 부딪히면 그중 일부의 빛만 반사되고 나머지는 흡수돼. 결국 우리 눈에는 반사된 파장의 빛만 보이고, 그 빛이 띠는 색을 인식하게 돼.

예를 들어 초록색 나뭇잎은 초록빛만 반사하고 나머지는 흡수하고, 빨간 장미는 빨간빛만 반사하고 나머지는 흡수하는 거야.

또, 모든 빛을 반사하면 흰색으로 보이고, 모든 빛을 다 흡수하면 검은색으로 보이지.

색의 혼합

빛이 가진 색 중에서 가장 기본이 되는 세 가지 색을 '빛의 3원색'이라고 해. 빛의 3원색은 빨강, 초록, 파랑이야. 이 세 가지 색의 빛을 서로서로 섞으면 무수히 많은 색을 만들어 낼 수 있어.

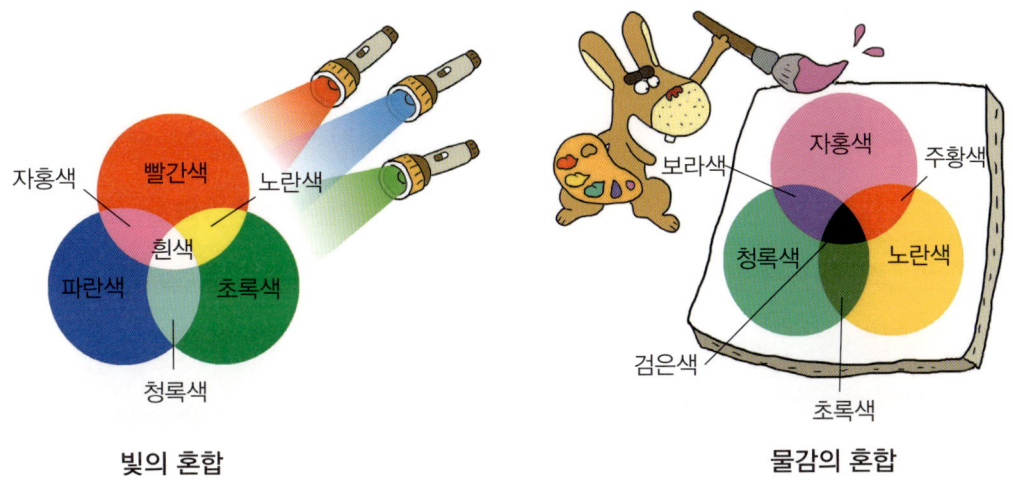

빛의 혼합　　　　　　　　물감의 혼합

〈빛과 물감의 색 혼합〉

예를 들어 빨간빛과 초록빛을 섞으면 노란색, 초록빛과 파란빛을 섞으면 청록색, 빨간빛과 파란빛을 섞으면 자홍색이 되지. 그리고 이 세 가지 색의 빛을 다 섞으면 백색광이 되지. 이렇게 빛은 색을 섞으면 원래 색보다 더 밝아지는데, 이런 혼합을 '가산 혼합'이라고 해.

그렇다면 물감의 3원색은 빛의 3원색과 다를까? 물감의 3원색은 대체적으로 자홍, 노랑, 청록이야. 자홍과 노랑을 섞으면 주황색, 자홍과 청록을 섞으면 보라색, 청록과 노랑을 섞으면 초록색이 돼. 그리고 이 세 가지 색을 같은 양으로 섞으면 검은색이 되지. 이렇게 물감은 색을 섞으면 원래 색보다 더 어두워지는데, 이를 '감산 혼합'이라고 해.

💡 조명에 의한 색의 변화와 색순응

그럼 만약 색이 있는 조명 아래에서 물체를 보면 어떻게 보일까?

이때는 조명을 어떻게 비추느냐에 따라 달라지지. 정육점의 경우, 상점

백색광　　　　　　　　　붉은색 조명

〈조명의 색에 따른 색의 변화〉

안은 백색광인데 진열대 안에는 붉은색 조명을 켜 놓지. 붉은 고기에 붉은 빛을 쪼이면 더욱 선명한 붉은색을 띠게 되어서 고기가 신선해 보이거든.

하지만 방 안 전체를 색이 있는 조명으로 바꾸면 상황은 달라지지. 우리 눈은 한 가지 색의 빛에 오래 노출되면 그 빛의 색이 눈에 익숙해져서, 그 색과 똑같은 빛의 특성을 지니는 색을 회색 등의 무채색으로 느끼게 되거든. 이러한 현상을 '색순응'이라고 해.

예를 들어 빨간색 선글라스를 끼면 처음에는 세상이 온통 빨간색으로 보이는 것 같지만 곧 빨간색 물체는 회색으로 보이게 되지. 그래서 만약 정육점 전체를 붉은색 조명으로 비춘다면, 고기는 회색 덩어리로 보일 거야.

그러니까 생각해 봐. 테러리스트를 목격한 사람은 빨간색 조명 아래에서 그의 옷과 가방을 봤어. 그러니 그에게 **빨간색 모자와 셔츠, 그리고 회색 가방으로 느껴졌던 것은 색순응 현상 때문**이었고, 사실은 흰색 모자와 셔츠, 그리고 빨간색 가방이었던 거야. 어때, 이젠 알겠지?

특별 활동

CSI, 함께 놀며 훈련하다!

❶ 종이컵 위에 올라서는 묘기

종이컵을 찌그러뜨리지 않고 그 위에 올라설 수 있을까? 겁난다고? 걱정 마. 압력의 원리를 잘 이용하면 마법 같은 묘기를 부릴 수 있으니까.

준비물: 종이컵 12개, 나무판 (40cm×40cm)

❶ 종이컵을 세 개씩 두 줄, 모두 6개를 놓는다.

❷ 종이컵 위에 조심조심 올라간다.

❸ 같은 방법으로 종이컵을 6개 놓은 다음, 그 위에 나무판을 올려놓는다.

❹ 나무판 위에 조심조심 올라간다.

그냥 종이컵만 놓고 올라갔더니 바로 찌그러져 버리지? 하지만 나무판을 놓고 올라가니 어때? 종이컵이 찌그러지지 않을 거야. 나무판이 접촉하는 면적을 넓게 해 주면서 내 몸무게를 분산시켜 종이컵을 누르는 압력이 작아지기 때문이야. 접촉하는 면적이 넓을수록 압력은 줄어드니까.

❷ 신기한 선글라스

색순응 현상이 이해가 안 된다고? 그럼 확인해 보면 되지. 셀로판지를 이용해 신기한 선글라스를 만들어 보는 거야.

어때? 순간적으로는 모두 빨간색으로 보이는 것 같지만, 선글라스를 계속 쓰고 있으면 흰색 물건은 빨간색으로, 그리고 빨간색 물건은 회색으로 보이게 되지. 바로 색순응 현상이 일어나 눈이 빨간색에 적응해서 색을 알아보는 감각이 둔해지기 때문이야.

요리랑 함께하는 신기한 놀이

① 물 위에 클립 띄우기

소금쟁이가 물 위를 걸어 다닐 수 있는 것은 물의 표면 장력이 소금쟁이의 몸무게를 받쳐 주기 때문이지. 그럼 표면 장력은 클립을 받쳐 줄 수 있을까?

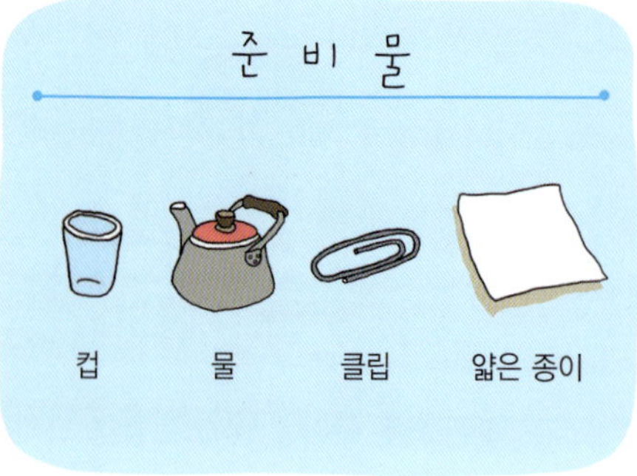

준비물: 컵, 물, 클립, 얇은 종이

① 유리컵에 물을 가득 담는다.

② 얇은 종이 위에 클립을 얹어 물 위에 천천히 띄운다.

③ 종이를 살짝 걷어 내고 클립이 어떻게 되는지 살펴본다.

얇은 종이 위에 클립을 얹은 다음 종이를 살짝 걷어 내면 클립이 물 위에 가만히 떠 있지? 바로 물 표면에 작용하는 표면 장력 때문이야. 아주 자세히 관찰해 보면 클립 모양에 따라 물 표면이 마치 푸딩처럼 쏙 들어가 클립을 떠받치고 있는 것을 볼 수 있어. 어때, 정말 신기하지?

2 세제 마술

물비누 같은 계면 활성제를 사용하면 마치 마술같이 신기한 현상을 관찰할 수 있어. 한번 해 볼까?

준비물: 컵 2개, 물, 식용유, 물비누, 나무젓가락, 바늘

❶ 컵에 물을 반쯤 담고, 그 위에 식용유를 붓는다.

❷ 컵에 물비누를 조금 붓고 나무젓가락으로 저으면서 살펴본다.

❸ 다른 컵에 물을 3/4쯤 담고, 바늘을 살짝 띄운다.

❹ 나무젓가락 끝에 물비누를 묻혀 바늘 주변의 물에 살며시 갖다 댄다.

물과 기름은 섞이지 않고 두 층으로 나뉘지. 그런데 물비누를 붓고 저으면 물과 기름이 금방 섞이지? 물비누에 물과 친한 부분과 기름과 친한 부분이 함께 있어 물과 기름을 서로 섞이게 하는 거야. 또, 표면 장력 때문에 물 위에 뜨는 바늘도 물 표면에 물비누를 묻히니까 바로 가라앉지. 물비누에 있는 물과 친한 부분이 물과 작용해서 표면 장력을 약하게 만들기 때문이야.

해성이랑 함께하는 신기한 놀이

❶ 편리 만들기

화강암이 높은 열과 압력을 받으면 검은색 줄무늬인 편리가 있는 편마암이 된다고 했지? 편리는 어떻게 만들어지는지 같이 해 볼까?

준비물: 밀가루, 물, 두 가지 색 물감, 책받침이나 널빤지

❶ 밀가루에 물과 함께 물감을 섞어 두 가지 색의 반죽을 만든다.

❷ 한 가지 색 반죽은 길고 납작하게, 다른 색 반죽은 둥근 모양으로 만든다.

❸ 납작한 반죽 사이사이에 동그란 알갱이를 줄줄이 놓고 쌓는다.

❹ 위에 책받침을 놓고 밀가루 반죽을 꾹 누른 후 옆에서 살펴본다.

동글동글했던 알갱이가 위에서 누르는 압력에 의해 옆으로 납작해졌지? 옆에서 보면 긴 줄무늬로 보일 거야. 이런 원리로 만들어진 암석이 편마암이야. 화강암에 있던 검은색 광물이 높은 열과 압력을 받아 줄무늬 모양으로 늘어섬으로써 편마암에는 편리가 생긴 거야. 이젠 알겠지?

2 퇴적암 만들기

퇴적암은 오랜 세월 동안 모래, 자갈, 진흙 등이 쌓이고 쌓여서 만들어지지. 하지만 우리는 빨리 퇴적암을 만들 수 있어. 같이 해 볼래?

어때? 자갈, 모래, 흙이 차례로 쌓여서 딱딱하게 굳었지? 흐르는 물에 퇴적물이 밀려와 차례로 쌓인 다음, 위에서 누르는 압력과 물에 녹아 있는 풀과 같은 역할을 하는 물질에 의해 단단하게 굳어서 퇴적암이 되는 거야. 페트병을 반으로 갈라 보면 조개껍데기가 화석처럼 박힌 것도 볼 수 있지.

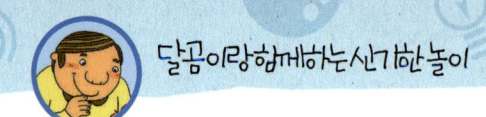

❶ 뿌리의 힘

뿌리는 흙에서 물과 영양분을 빨아들이기 위해 사방으로 자라지. 뿌리가 얼마나 큰 힘으로 뻗어 나가는지 확인해 볼까?

❶ 금잔화 씨에 물을 뿌려서 적신 다음, 하룻밤 동안 불린다.

❷ 달걀 껍데기의 1/2까지 흙을 채우고 물에 불린 금잔화 씨를 흙 속에 심는다.

❸ 달걀 껍데기를 햇볕이 잘 드는 창가에 놓은 다음, 물을 주며 살펴본다.

어때? 뿌리가 달걀 껍데기를 뚫고 나오지? 이런 강한 힘이 있기 때문에 뿌리는 흙과 돌 사이사이에 뻗어 물과 양분을 끌어올릴 수 있고, 식물이 넘어지지 않도록 단단하게 지지할 수 있는 거야.

② 색깔 들인 꽃

뿌리에서 빨아들인 물과 영양분은 어떻게 잎이나 꽃까지 전달될까? 줄기를 통해서 전달되지. 그림 실험을 통해 줄기의 역할을 알아볼까?

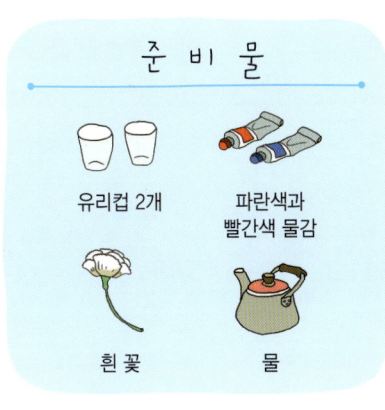

❶ 흰 꽃의 줄기 밑부분을 20cm 정도 반으로 잘라 둘로 나눈다.

❷ 두 유리컵에 각각 물을 채우고, 파란색과 빨간색 물감을 탄다.

❸ 둘로 나눈 줄기를 컵에 한 쪽씩 갈라서 넣고 살펴본다.

흰 꽃을 관찰했더니, 어때? 빨간색 물에 담근 쪽은 빨간색으로, 파란색 물에 담근 쪽은 파란색으로 물드는 것을 볼 수 있지? 줄기에 있는 물관을 따라 색깔이 있는 물이 꽃잎까지 전달되는 거야.

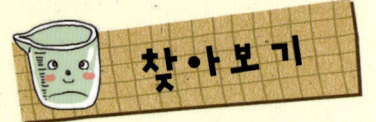   

ㄱ
가산 혼합 162
감산 혼합 162
계면 활성제 61, 72
고려청자 20
광합성 130
규암 102

ㄴ
뇌출혈 107

ㄷ
대리암 102
독초 127, 132

ㅁ
마그마 95
면적 39, 40
무게 31, 39
물감의 3원색 162
물관 130
물탱크 84

ㅂ
변성암 95, 102
변성 작용 102
빛의 3원색 161
뿌리 131

ㅅ
사암 101
색 154, 155, 160
색순응 155, 163
신관 139
심성암 101

ㅇ
암석 100
암석의 순환 102
압력 30, 33, 38
액체 질소 158
역암 101
용암 95
이암 101
잎 130

ㅈ
줄기 130
증산 작용 130
질량 31

ㅊ
천남성 123, 124
체관 130

ㅌ
퇴적암 95, 101

ㅍ
편리 95
편마암 95, 102
폭탄 139
표면 장력 60, 70
핏자국 48

ㅎ
화산암 101
화성암 95, 101